待ちかねていたよ！

まちかんてい！動き始めた学びの時計

学校NPO法人
珊瑚舎スコーレ 編著

高文研

はじめに

❖戦場の童

本書は珊瑚舎《さんごしゃ》スコーレ夜間中学校の生徒の半生を聞き書きしたものです。生徒の語った内容には戦争体験が数多く含まれ、それはまさに、「戦場《いくさば》の童《わらび》」の体験です。最も弱い存在であった当時の子どもたちの証言を繋ぎ合わせていくと、沖縄戦という戦場が浮かび上がってきます。聞き書きの中の「泥水を飲み、あらゆる草を食べました」「こっちに行けと言われていくと、あっちに逃げろと言われ」という言葉には、住民を巻き込んだ地上戦という沖縄戦の特徴が表れています。

一九四五年四月一日に沖縄本島中部海岸に上陸した米軍のねらいは、日本軍の北飛行場（読谷《よみたん》）と中《なか》飛行場（嘉手納《かでな》）の奪取、つまり日本本土への発進基地を確保することでした。それに対し日本軍は、国体（天皇制）護持と本土防衛のために沖縄における時間稼ぎの持久戦という作戦を取りました。そのような日米両軍の位置づけのもと激しい戦闘が行われましたが、その〝戦場〟となったのは集落や田畑など住民にとっての生活の場そのものでした。住民は持てるだけの荷物を背負い、住みなれた場所からの避難を余儀なくされ、いつ終わるともわからない戦場をさまようことになりました。

米軍は海・空・陸から「鉄の暴風」と形容される猛烈な砲爆撃を行いました。それは二〇万トンにもおよび、地形を変えるほどのものでした。五月下旬、首里《しゅり》に司令部を置いていた日本軍はすでに主力の大半を失っていましたが、司令部は降伏をせずに本島南部への撤退を決めました。住民の多くは司令部よりも後方（本島南部）に避難をしていましたが、この日本軍の撤退によって「鉄の暴風」はそんな避難民の上にも容赦なく降り注ぎ、犠牲はさらに拡大しました。

戦場で住民が必死に探し求めた場所が、ガマ（壕・自然洞窟）や亀甲墓《かめこうばか》（沖縄式の大きな墓）などでした。米軍の攻撃を避けるために皆、身を隠すことのできる場所に殺到しました。それは日本軍も同じでした。軍民入り混じっての戦場では、日本軍による壕追い出し、食糧強奪、住民虐殺などが起こりました。戦場では軍隊の論理が優先され、本来守られるべき住民の命は軽視されたのです。

「たまたま右に座ったか左だったかの違いで生死が決まる」という戦場の中、自分よりも幼い弟や妹の手を引いての逃避行はどんなものだったのでしょうか。ガマの暗闇の中で、友軍の「赤ん坊は泣くので米軍に見つかる、首を絞めて殺せ」という声をどんな気持ちで聞いたでしょうか。鬼畜と教えられ、「鉄の暴風」を撃ち込んだ米兵からの投降の呼びかけをどう受け止めたのでしょうか。

カンポーヌクェーヌクサー（艦砲射撃の喰い残し）であった子どもたち。戦争によって家族や生活や学ぶことを奪われた子どもたち。そして戦後も失ったものの大きさを噛《か》みしめて、それでもたくましく生きてきた人たちの半生があります。

❖珊瑚舎スコーレ夜間中学校

珊瑚舎スコーレは二〇〇一年四月に開校しました。当初は高等部・専門部の二課程、同年一二月に中等部を開設し、三課程（昼間部と呼んでいます）で始まりました。

さらに沖縄戦や戦後の混乱・貧しさのために、義務教育を受けられなかった人の学びの場として、珊瑚舎スコーレ夜間中学校は二〇〇四年四月一七日に、二〇名の新入生を迎えて始まりました。

以来、二〇一四年度までの入学生は一五六名、卒業生は七一名です。卒業生のうち二八名が高校に進学しています。入学生の半数以上の方が卒業していませんが、一番の理由は、仕事と学校の両立が難しいことです。時間的に余裕がある方もいますが、多くは入学前からの仕事を続けながら通学しています。高齢は大きな理由ではありません。ちなみに二〇一四年度の在校生一七名の平均年齢は七四歳、働いて収入を得ている方は七名です。

夜間中学生の三年間を知っていただくために、年間日程と時間割（次ページ）を紹介します。

年間日程について簡単に説明します。年間カリキュラムは三八週、授業実施週は三五週を組むことを原則にしています。

入学を祝う会、遠足、慰霊の日（フィールドワーク、特別講座など）、まにまに祭（前期の学習発表会）、とぅんじーあしび（年末のパーティー）、うりづん庭《なー》（学年末の学習発表会）、卒業を祝う会は昼の三課程の生徒・学生と合同で企画、実施されます。夜間中学校だけで行うものは、ユンタクあしび（ボランティアの方々を招待し、感謝とお礼の気持ちを表すためのパーティー）、朗読会（この一年間で書いた自作の文章を生徒全員の前で朗読します）、修学旅行（二年に一度、一泊二日で実施）です。

前期末、後期末の自己評価ノート記入期間は、担当教員からの質問に答えながら学校生活と学習状況について、文章で自己評価するための時間です。

また、ウンケー・ナカヌヒ・ウークイ（旧盆の三日間）、旧正月、ジュウルクニチ（亡くなった方々のお正月）などは、旧暦で行われる沖縄の伝統行事で休校になります。

三年間、毎週月曜日から金曜日の一八時から二一時まで通うことは、大変なことだと思います。しかし、生徒のみなさんの表情は明るいです。早い方は午後四時すぎから登校し、昼の部の中学生や高校生とユンタク（おしゃべり）したり、クラスメイトとの交流を楽しんでいます。

２０１５年度 珊瑚舎スコーレ珊瑚舎スコーレ 夜間中学校 時間割

<table>
<tr><th></th><th></th><th>月</th><th>火</th><th>水</th><th>木</th><th>金</th></tr>
<tr><td rowspan="6">３年</td><td>18:00 ～</td><td colspan="5">始まりの会</td></tr>
<tr><td>18:10 ～ 19:00</td><td>日本語</td><td>英語</td><td>数学</td><td>英語</td><td>数学</td></tr>
<tr><td>19:10 ～ 20:00</td><td>英語</td><td rowspan="2">1,5 週 書道
2,4 週 理科
3 週 美術</td><td>数学</td><td>日本語</td><td>数学</td></tr>
<tr><td>20:10 ～ 21:00</td><td>シンカ会議</td><td>音楽</td><td>日本語</td><td>民謡</td></tr>
<tr><td>～ 21:10</td><td colspan="5">終わりの掃除</td></tr>
<tr><td colspan="6"></td></tr>
<tr><td rowspan="5">２年</td><td>18:00 ～</td><td colspan="5">始まりの会</td></tr>
<tr><td>18:10 ～ 19:00</td><td>数学</td><td>数学</td><td>英語</td><td>英語</td><td>英語</td></tr>
<tr><td>19:10 ～ 20:00</td><td>数学</td><td>数学</td><td>日本語</td><td rowspan="2">1,3,5 週 社会
2,4 週 技／家</td><td>日本語</td></tr>
<tr><td>20:10 ～ 21:00</td><td>シンカ会議</td><td>日本語</td><td>音楽</td><td>民謡</td></tr>
<tr><td>～ 21:10</td><td colspan="5">終わりの掃除</td></tr>
<tr><td rowspan="5">１年</td><td>18:00 ～</td><td colspan="5">始まりの会</td></tr>
<tr><td>18:10 ～ 19:00</td><td>英語</td><td>日本語</td><td>数学</td><td>英語</td><td>英語</td></tr>
<tr><td>19:10 ～ 20:00</td><td>日本語</td><td rowspan="2">1,3,5 週 体育
2 週 美術
4 週 書道</td><td>日本語</td><td>数学</td><td>日本語</td></tr>
<tr><td>20:10 ～ 21:00</td><td>シンカ会議</td><td>音楽</td><td>数学</td><td>民謡</td></tr>
<tr><td>～ 21:10</td><td colspan="5">終わりの掃除</td></tr>
</table>

※シンカ会議の「シンカ」は沖縄の言葉で仲間の意味で、話し合いなどの時間。

※シンカ会議、音楽、民謡は三学年合同、日本語は一般的には国語の時間。

※三年間で学習指導要領に記載された九科目をすべて学習するように組まれている。

❖聞き書きについて

二〇〇四年四月に一年生二〇名でスタートした珊瑚舎スコーレ夜間中学校。休み時間も席を立たずに机に向かうみなさんの姿に圧倒され、この方々の体験を聞き書きしたいと思いたったのは五月でした。学齢期から六十年以上も経って、なぜ、学ぼうとするのか、その思いを共有させてほしいと思ってのことです。

入学当初はみなさん緊張していますので、二、三カ月して少し落ち着いたころに、「夜間中学校に通うに至ったいきさつを聞かせてください」と声をかけます。「いいよ」とおっしゃる方の一方で、「何を聞くの、話すことなんかないよ」と不安げな表情を見せる方もいます。その時は無理せずに気持ちがほぐれるまで待って、再度お願いをしています。

入学してしばらくたつと、表情が変わります。当初のおどおどした様子はなくなり、明るくなります。また服装も変わります。先日もある生徒が「こんなの着られんと思っていたけどさぁ」と言いながらまっ赤なカーディガンを着て登校しました。みんなに「似合うよー、いいさぁ」と褒められて照れていました。学ぶことが日常生活のさまざまな場面で自信となって現れるのでしょう。ですから聞き書きをした時期は一様ではありません。卒業間際に話をうかがった方もいます。

こちらからの質問は、なぜ夜間中学校に通おうと思ったのか、実際に通ってどうだったのかの、大きく二点です。話を聞く時は、他の人がいない空き教室でするようにしています。初めは録音することも考えましたが、緊張するだろうと思い、筆記だけにしています。聞き書きをする方の横に座り、ユンタク（おしゃべり）するような雰囲気で、わら半紙にメモをとる形で進めます。

話は必ずしも時系列に進むわけではありませんが、できるだけ話の流れを止めないようにします。その中で心がけているのは無理に聞かない、追及しないということです。特に子ども時代の記憶、思い出は辛いことが多いので、話が止まることもしばしばありますが、その時点で話せることを、話してもいいことを聞くようにしています。

聞き書きは、その方の表情、語り口が鮮明なうちにメモを整理しながら文章にします。地名やウチナーグチは後で確認します。自分の人生がどんなふうに文章化されるのか不安でしょうから、後日聞き書きの文章を読み上げて、間違いがないか確認してもらいます。こうしてまとめた聞き書きを、珊瑚舎スコーレの『学校をつくろう！　通信』に「まちかんてぃ（待ちかねていた）」というタイトルで連載をしてきました。

一二年間、生徒のみなさんの学びへの強い思いは、今も変わりません。

本書には五八本の聞き書きを収録しました（女性五三名、男性五名）。便宜的に六つのキーワードに分けて掲載しています。「話せること、話していいことを聞く」を基本にしていますから、そのキーワードについて特別に聞き込んだものではありません。キーワードに関することが含まれているということで配分しています。

◎――もくじ

装丁＝商業デザインセンター・増田 絵里

I
生きることは学ぶこと
——聞き書き「まちかんてぃ」より

クラスメイトとともに

◎今、学びの時！

※珊瑚舎スコーレの三年間は一生の宝物です

◆Ｉ・Ｋさん〔女性　一九五一年生まれ〕

珊瑚舎スコーレの夜間中学校は、大阪に住んでいる子どもがインターネットで探してくれました。子どもが小学一、二年までは宿題も何とか面倒みられましたが、三年生以上は教えきれません。分数、小数点が分からないのです。学校は通ったことになっていますが、何も学んでいない状態です。ですから勤めようとしても、見習いで掃除をしているうちはいいのですが、その後の事務仕事ができずに挫折したこともあります。いつか小学校からの勉強をしたいと考えていました。

入学前に心臓の手術をしたので、学校が続けられるか不安でした。

両親は体が弱いながらも山を開墾してがんばって生活していたのですが、家は本当に貧乏でした。兄弟も多く、私は八人中の六番目です。戦後もしばらくしてからですから、沖縄でもかなり物が出回っていましたが、私のところでは、小学校に入学するけどランドセルも本もない。ランドセルの代わりに風呂敷です。しばらくして母が布で肩掛けカバンを作ってくれましたが、クラスでは浮くばかりです。雨の日は一番イヤでした。傘がないのでズダ袋を斜めにかぶるだけです。全身ずぶ濡れですが、着替えもなく、そのまま帰りまで座ったままでした。

そのころは〝いじめ〟と言った言葉もなかったのですが、こづかれたり、無視されたり、学校にいる時間は辛いの一言につきました。一度だけ理科の試験で一〇〇点をとったのですが、「お前にそんなことができるわけがない、カンニングしただろう」と頭をたたかれ、答案を取り上げられ引きちぎられて川に捨てられました。先生も見ぬふりというか関わりたくない、教室にいてもいなくてもいい人間と思われていたはずです。一度いじめのターゲットにされると、なかなかその連鎖から抜けられません。

小学校は分校でした。中学校は本校に通いますが、いじめは続きました。親を心配させまいと学校のことは一言も口にしたことがありません。黒板に書かれていることが分からないままじっと座っている時間を、何と言い表したらいいのか。九年間よく辛抱したねと自分で自分を褒《ほ》めたいですよ。同窓会の連絡があっても、辛いから電話をしないでくださいと言ってあります。

学校から帰ると二つ違いの兄と山に行き、薪《まき》にする木を伐り、大きなものは滝から流して下ろし、荷車で運びます。テレビの時代劇に出てくるような荷車なんです。それを焚き木用に小さく束ねます。これがわが家の唯一の現金収入でした。

中学卒業前に親が入院、めぐり合わせというのか私が看病し、下の兄弟の面倒をみる役回りになったのです。なんで私だけが……という想いがいつもあり、この気持ちは長いこと私を苦しめました。外に出て働いても、給料は親が取りに来るので手元には残りません。

一九歳の時に家から逃げたいあまり結婚しました。でも相手も貧乏、姑が筋ジストロフィーで看病の日々でした。子育てと看病が一段落したと思ったら、自分が心臓病にかかっていました。何で自分だけがという想いが強くなり、手術後は人の顔もみたくない鬱《うつ》状態が続きました。

ある日、大阪の子どもから「おっかー、おっかーの行きたがっている学校が与儀《よぎ》にあるよ。行ってみたら」と連絡があり、もう少し待ってからとしぶる私に「今が時期だよ。待っていたらダメ」と説得するのです。夫にも子どもにも、辛かった自分の学校生活のことを隠さずに話していたのを覚えていてくれたのでしょう。

どの教科が好きか得意かなんてありません。少しずつ、ゆっくりでも勉強ができていく楽しさが自信になりました。同級生も苦労の種は違っても、みんな苦労を重ねてきた人たち。お互いを大切にする人の情けが沁みます。学校生活の中でのびのびと自分を出せる、良いも悪いも認められる。自分がいかに小さい人間かも分かりました。苦労した分、この三年間で心がきれいに洗われたような気がします。

気がつけば、あの「なんで私だけが」という、ひねくれたひがみの感情がなくなっています。明日、卒業前に朗読会があり、私が読む作文の題名は、この三年間を綴った「一生の宝物」です。珊瑚舎スコーレの夜間中学校で過ごした日々のありがたさは、校長先生でも分からないかもしれません。

※机、椅子があってクラスメイトがいて…教室が好きです

◆O・Sさん〔女性　一九三五年生まれ〕

星野先生だと思うのですが、数年前に朝のラジオで夜間中学の話をしていました。その時「一緒に遊びま

しょう」と言っていたのが耳に残っています。104番に問い合わせたのですが、わかりませんでした。新聞も気をつけていたのですが探せず、今年になってもう一度104番にかけたら珊瑚舎の番号がわかり、すぐに電話をしました。二月九日に申し込みをしました。三月に入って「入学を祝う会」の案内が郵便で届き、それを見て本当に入学できるんだという実感がわいてきて、うれしかったです。

小学校二年生までは学校に行きました。足し算は友だちに教わった記憶があります。戦争があったので学校に行くどころではなくなりました。両親は私が生まれてから離婚し、それぞれ再婚をしたので、戦争当時はおばぁと自分だけでした。親戚を頼ったり、あふぁあふぁして（あわてふためいて）いるうちに捕虜になりました。

戦後は母方に引き取られました。異母兄弟が六人いて私が長女です。仕事はいっぱいあって、学校に行きたいとは言いがたいものがありました。よくしてくれましたが遠慮があるし、育ててもらう義理がありますからね。

兄弟の世話と畑仕事に明け暮れました。芋を増やさないといけないし、水汲みも子どもにとって大きな仕事です。親戚の井戸から汲ませてもらう時もありますが、部落の大きな井戸（カー）まで行くのは遠かったです。四角い一斗缶《いっとかん》を、天秤棒の両端にくくりつけて担ぐのです。

二〇歳過ぎまでハルサー（畑人）で、その後結婚しました。知り合いの紹介で向こうもハルサーです。私が家を出ないと母の立場もいろいろあると思っての結婚です。子ども二人はそれぞれ独立しています。

結婚後は、ハウスメイドや掃除中心の仕事をしてきました。体力はあるけど頭がないから、書き物が必要な仕事は無理なんです。でもずっと思っていました、いつか学校に通いたいと。

だから今、入学してようやく学校にたどり着いたと思います。勉強をしてもいいよーということなんだと。入学式ではお祝いをしてもらい、とってもうれしかったです。ご馳走まであって、こんなにしてくれるのかと思いました。授業が始まって、初めは緊張しました。二、三日は自分は出来るだろうかと不安でした。隣の人を見るとノートをきれいにとっていて、自分だけが出来ないのではと焦りました。
でも楽しくて、学校に足が向くんです。机があって、椅子があって座っていることが幸せです。そしてその前にクラスメイトが座っています。教室が好きです。

※「私」と「和」の違いが昨日わかりました

◆T・Kさん〈女性　一九三一年生まれ〉

娘が道をつくってくれました。五年ぐらい前からもう一回学校に行きたいと考え始めていました。塾でもいいかなぁと思っていましたが、娘に「孫と同じ教室で勉強するのは無理よ」と言われて話がとぎれていたのですが、あちこちに電話をしてくれて、「お母さんの通える学校があったよ」と見つけてくれたのです。

七人兄弟の末っ子です。戦争は五歳ぐらいの時です。ほとんど記憶はありません。ただ、両親と兄二人が亡くなりました。一人の兄は対馬丸《つしままる》（注）に乗れなくて、その後の船で九州に疎開し、しばらく沖縄に帰れませんでした。

一九歳と一五歳の姉が私を育ててくれたのです。姉の話によると戦争が激しくなったとき、両親はすべてのお金を風呂敷に包んで、子どもだった私の腹にくくりつけたそうです。でも逃げている途中でなくなり大騒ぎだったとか。道具類は穴を掘って埋めたそうですから、お金も一緒に埋めていたらと姉が嘆いていました。私の覚えているのは、その時赤い着物を着て帯までしめていたことだけです。壕の記憶は銃の音がしておびえたこと、兵隊が姉にカンパンと金平糖《こんぺいとう》をたくさん持ってきてくれたことです。

戦後は土地も家もあったのですが、生かしきれないのです。上の姉の嫁ぎ先についていきましたが、淋しくて下の姉のもとに帰りました。その後はほとんどこの姉に育ててもらったようなものです。

学校はカヤブチャー（わらぶき屋根）で、台風があるとすぐ倒れ、地面を使って足し算や引き算をする程度で行かなくなりました。

結婚する気はありませんでしたが、友人に「いい人がいるよ」と紹介され、相手の二親が生きており安心できると思いました。夫にも温かさを感じました。仕事にも恵まれ大きなお菓子屋やそば工場に勤めたり、当時は珍しいゴルフ場でも働きました。

六〇歳を過ぎるあたりから、もう一度学校に行きたいと強く思うようになったのです。内地には夜間中学校があると聞いて、沖縄にもいつか来るかなぁと期待していました。

入学してすごく楽しいです。不思議なぐらい楽しいです。「私」と「和」が違う漢字だと昨日分かりました。ちょっとのことでしょうが、分かるということがとてもうれしいのです。文字は少しは書けるので、役所も銀行も困ったことはありませんが、一つひとつ覚えて綺麗な字を書けるようになることがうれしくてなりません。アルファベットで書いた名前も、娘が合っているよと言ってくれました。

友だちを誘ったら「いまさら行って何をするの」と言われましたが、どうするため、何のためではなく、分かりたい、みんなと一緒にもっと知りたいというだけなんです。日本語も英語も好きですが、音楽が一番好きです。みんなと歌を歌うって、いいですよね。

（注）対馬丸：一九四四年八月二二日に米潜水艦の攻撃によって鹿児島県トカラ列島の悪石島付近で沈没した学童疎開船。七八三名の児童を含む一四八四名が犠牲になった。

※手に持って本を買うんです　読めなくてもいいんです

◆K・Yさん〔女性　一九三四年生まれ〕

夕方テレビをつけてチャンネルを変えたら、ちょうど〝夜間中学校〟と言うのが聞こえました。翌日NHKに電話をしてどの番組かを探してもらい、珊瑚舎に電話をしました。

私は六人兄弟の長女です。父は仕事を辞めて家で待機しているような状態で、母は栄養不足で寝たり起きたりでした。小学校三年生のころから妹や弟の世話、家の手伝いをするようになりました。

弟のオシメを洗濯するのが朝の日課です。川原が家からだいぶ離れているので朝早く起きて、一人では不安なので妹を起こして連れていきます。妹は洗濯するそばで眠っているだけでしたが……。オシメを干してあれこれ用事を済ませて学校に行くころには、一時間目はとうに終わっていました。

お昼は弁当を持っていける生徒は限られていて、教室で食べます。私のようにハンカチに芋を一つ包んでいく生徒は学校近くの森に行き、塩や味噌をつけて食べます。結構何人もいました。何にもない人もいましたからね。粉ミルクは給食で出ました。台風の時は紙コップに粉ミルクを入れてくれました。みんな家に持って帰るのを待ちきれず、道々で粉ミルクを食べるので口の周りが白くなり、笑いあったものです。

でも、その粉ミルクや家庭科の運針で使う布代が払えないのです。父が事業でだまされたショックで、家にお金を入れなくなり、中学に入学の年に住み込みの子守りにでました。お金があればお米も素麺も買えますから。

大家族の教員のお宅でした。子守りをしながら、読めもしないのに本をのぞいたりしました。井戸が近くにないので、かなり歩いて洗濯に行きます。行きは下り坂で洗濯物も軽いのですが、帰りは頭にのせたタライがものすごく重く辛かったです。

近くに映画館がありました。当時は夕方からの上映でしたから、夕方になると音楽が流れます。島倉千代子の「この世の花」や春日八郎の「別れの一本杉」などがかかります。そうした歌を聴きながら、どうしたらこの境遇から抜け出せるのか、あれこれ考えます。親には頼れない。相談相手もない。

そんなある日、同じような境遇の友だちがレストランに勤めていたので遊びに行き、帰ろうとバスに乗ると後を友だちが追いかけてきて、「レストランのおかみさんがもう一人雇ってもいいと言っている」と知らせてくれました。

即座に決めました。抜け出したのです。荷物は風呂敷包み一つです。それからは自分の人生です。給料はかなりよく、食べるもの、着るものは贅沢ができました。お小遣いがあると本屋に行き、手に持って触ってみて買うのです。読めなくてもいいのです。お金を貯めて学校に行こうという夢がありました。美容学校の願書を取り寄せたら義務教育修了とあり、あきらめました。

二一歳で結婚し、子育てをしてきました。学校に行っていないので、自分なりに努力して、生け花やインテリアも勉強しました。

年金を受け取る年になり、自分を変えたい、好きなことやろうと思い、夜間中学を選びました。はじめは夜間中学は県か市がやっていると思っていました。ところがＮＰＯ法人がやっており、先生がみんなボランティアだと知り、驚きました。

入学式は緊張したと同時に、自分と同じ境遇の人がこんなにいたのかと胸がつまりました。入学式の会場に入るときに拍手で迎えられ、うれしいようなどうしてよいか、心の準備がなくてとまどいましたが、自分の人生にもこんなことがあるのかと感動しました。

※夜間中学校の新聞記事を宝物として持っていた

◆Ａ・Ｋさん〔女性　一九三四年〕

二〇〇四年八月に載った夜間中学校の新聞記事の切り抜きを、宝物として持っていたんです。通いたいという気持ちはあったのですが、ついていけるかが心配でしたし、字が書けないという劣等感がありました。二〇〇七年の三月にも夜間中学が何回も新聞に載るようになり、覚悟を決めて電話をしました。

主人や弟は「何でいまさら学校に行くねー」と言いますが、自分で字を、文を書けるようになりたいのです。似せて書くことはできても、人の話を自分なりにメモをとれるようにしたいのです。他人はどうあれ、私には学問が必要だと思ってきました。

義兄も含めて一〇人兄弟の次女です。小学四年生の時に十・十空襲（注1）がありました。やんばる（沖縄の北部）の山に一家で逃げました。艦砲射撃（注2）の中、芽を出した芋を探してそのカズラ（つる）を食べたり、夜は海まで潮汲みに行きます。ソテツ（注3）も夜採りに行き、砕いて発酵させて食べるんです。私は常に弟や妹を背負っていました。

捕虜になって大宜味村に収容されました。しばらくして里に帰り、学校にも通えるようになったと思った六年生の春、父が肺炎で急死しました。双子の兄弟が産まれて五日目のことです。

本当の苦労はここから始まりました。私の学校生活もここで終わりです。父が生きていた時は何とか暮らせたのですが、その後は親戚もいない土地で、本当にヒンスー（貧乏）状態でした。山から薪をとって売るのが唯一の現金収入です。私は幼い兄弟の面倒をみて、家事全般をしました。

父がいたらと何度も思いました。上の川での水汲みは辛い仕事ですが、これを無事にすませたらお父さんが帰ってくるのでは、と考えたりしました。ある時母が、私と妹二人を連れてアダン（タコノキ科の熱帯性常緑低木）の茂みの中に入り、「死にたい」と呟きました。私は泣きながら必死で「生きていたいよー、生きていたい」と叫びました。

成人して那覇で働くようになり、いいなづけ同然の同じシマ（集落）の人と結婚しました。仕事はお陰様で四七年間同じ職場です。

復帰の時はヤマト（本土）の会社と合併し、環境も大きく変わりました。今まで使っていた機械とは比べものにならない高性能の機械が導入され戸惑いましたし、研修制度がありました。子どもが幼稚園の時、福岡に一カ月研修に行きました。この時が船や飛行機も含めて初めての旅でした。

字が書けないこともあり、苦労しました。私が入れるような中学校があればなぁと思っていました。自分なりに勉強しようと辞書を買い、今も使っています。でも一人で目標もなく勉強するのは大変です。ですから今、夜間中学に通ってみんなで勉強するのがとっても楽しいんです。夕べも学校から帰って夜中の二時まで勉強しました。日本語でやっている「漢字で書きたい五つのことば」を自分なりにもう一度やりなおしたのです。漢字も少しずつ書けるようになっています。

自分で言うのもなんですが、たった一カ月ですが字がしっかりしてきました。学校を続ける勇気が出ます。校長先生が「指にタコができるくらいやれば文章も書けるようになる」と言いますから、それを励みにがんばるつもりです。

先日は中学一年の孫に、こんな勉強をしているよと見せたら、こんな漢字もあるよと教えてくれるんです。うれしかったですね。まだ、ついていけるか心配なので月謝は毎月払いにしていますが、自信がついたら年払いにするつもりです。卒業までの三年間は、家族が健康で無事であってほしいと願っています。

（注1）十・十空襲：一九四四年一〇月一〇日の米軍の沖縄・奄美への空襲。兵士と民間人合わせて六六八人が死亡し、那覇市の九〇パーセントが焼失した。

（注2）艦砲射撃：軍艦が搭載する大砲による攻撃。艦砲射撃を含む米軍の海・空・陸からの猛烈な砲爆撃は「鉄の暴風」と言われるほど激しく地形をも変容させた。

（注3）ソテツ：ソテツ科の常緑低木。デンプンが含まれているが毒性があるため、アク抜きや発酵させるなどをしてから食べることができる。調理方法を間違えると中毒死してしまう。

※那覇から石川の停留所を全部カナをふって覚えました

◆S・Mさん〔女性　一九四一年生まれ〕

長女が小学校一年になったら一緒に勉強しようと思いながら、また次の子、その次の子と生活に追われて、そのままにしてきました。夫や同居していた大学生の弟がいたので、字を書くことは何でもやってもらえたのです。娘が新聞で夜間中学のことを知り、問い合わせてくれました。締め切った後でしたが、空きが出来て入りました。はじめは毎日学校に通ったら生活できないと思ったのですが、娘に「何とか出来るよ母さん、一生悔いのない生き方をしたら」と言われ、心を決めました。

父が病弱で、兄は兵隊にとられて生活が大変でした。小学校は二里（八キロ）も離れており、山道を一人で通うのは無理だったのと、妹の世話をするために家にいました。九歳で一年生に入りましたが、そこでは干支ごとに学年編成されて、私は三年生です。生まれたばかりの弟を背負って、授業がよく分からないまま出ていました。

そのころはものなんてなく、おしめもありません。背中で弟がおしっこをしても代えようがないのです。みんなが臭い臭いと言い、先生に外に出されました。

学校に行っていても、ただ時間暮らしをしているだけでした。試験の時も友だちが見せてくれるのを写していただけです。

一応小学校を卒業してからは、いろんな家で女中をして料理を習いました。結婚してからは一銭マチヤー（駄菓子屋）、魚売り、食堂もしました。沖縄料理のクーブイリチー（昆布の炒め煮）やイナムルチ（白みそ仕立ての汁で猪もどきの意）など得意ですよ。

これで本が読めたら、もっと良い味が工夫できたと思います。

ただ、暗記は得意でした。腕に磨きをかけたくて、料理学校も暗記のお陰で出ましたし、車の免許も教習本を丸暗記してとりました。一九歳の時、バスの車掌もしたんです。那覇から石川の間の停留所を、全部カナをふって覚えました。むずかしい部落の名前は、字の形で暗記しました。暗算はできますから何とかなったのです。

母は一〇〇歳で亡くなりました。看病をしていた時、新聞も本も読めないのは刺激がなく、ただ寝たきりで辛いなぁと感じました。介護ヘルパーの免許も娘に助けられてとったのですが、初めて字が書けないことが惨めだと思い知りました。どこかにひがみ根性というか、居直りの気持ちがあったのです。

何かあっても「自分字が分からんよー。学校出てないから仕方ないさぁー」と、恥ずかし気もなく口にし、誰かに頼ることが当たり前になっていました。情のかけ違いですねぇ。

何でもやってきた一方、人前に出ると怖くなって自分の名前、住所すら書けないのです。一人でいる時は書ける字がどうしても浮かばず、震えます。胸が痛くなります。お店の領収書も値段だけ書き入れるのに、お客さんの前だと一度紙に一五〇〇と書いてみないと間違えるのです。この自信のなさは基礎を勉強し、字の読み書きを習得しないと克服できないと思います。

夜間中学に通って一カ月経ちます。掛け算、割り算は思い出してきました。分数は初めてです。先日、妹から少し字がきれいになったと言われ、うれしかったです。自分では気持ちが若くなったというか、考え方が若くなったような気がします。

※読み書きができないことに悔しい思いを何度もしました

◆G・Yさん〔女性　一九四三年生まれ〕

珊瑚舎が開校五周年記念のミュージカルを「てんぶす」ホールでやった時に見にいきました。友だちが珊瑚舎を知っていて、ぜひにと誘ってくれました。早く行った方がいいと熱心に勧めてくれましたが、仕事と両立できる自信がなかったのです。今年ようやく決心をして入学しました。

家庭の愛情に恵まれず、家々をたらい回しにされて育ちました。父が兵隊にとられて帰ってこないうちに、母が私を縁側に置いて出て行ってしまったそうです。九歳までは八重山の祖母と叔母の元で育ちました。

父は帰還して本島に住んでおり、再婚して子どもがいました。その子の子守り役として那覇に引き取られました。母が南部にいるというので履くものもはかずに会いに行きましたが、赤の他人という態度を取られてショックでした。裏切られたというか、親に捨てられるとはこういうことなんだと分かりました。

学校では言葉が通じませんでした。本島は標準語に近い言葉になっていましたが、私は八重山の方言しか出来ず、石を投げられ笑われました。また二歳違いの異母兄弟の面倒を見ることでトラブルが絶えず、家にいられない状態でした。

ある劇団の子守りとして働きにでましたが、福祉関係の先生が義務教育も終わっていない子どもを働かせてはいけないと仲立ちをしてくださって、教会の牧師さんの養女にしてくれました。しかし、そこもいろいろあって長くはいられませんでした。学校は通ったり、通えなかったりで、小学校の半分も満足に通っていません。

一四歳の時に八重山の叔母の元に戻り、もやしを育ててバーキー（沖縄の平ザル）に乗せて売り歩いて暮らしました。そのころ祖母がお腹にコブが出来て手術をすることになったのですが、お金がありません。生活保護を受けて暮らしていましたから。そこで叔母の口利きで料亭の踊り子になりました。少しですが琉球舞踊ができたのです。前借り四〇〇ドルです。二〇〇ドルを祖母の手術代に、二〇〇ドルを父のもとに送りました。二年働いて、借金を返しました。

その後もいろいろありましたが、子ども二人に恵まれました。親の私が言うのも何ですが、立派に育ちました。家庭の味を知りませんが必死に育てました。子どもはゆったりとして温かい雰囲気の中で育てたかったのです。負けず嫌いの性格なのでしょうか、どんな場にいても、居ても居なくてもいい存在になりたくありません。一〇本の指には入っていたいのです。

ですから、無学ながら仕事も頑張りました。和裁を二〇年にわたって教えて生計を立ててきました。民生委員も長らく務め、知的障害者の作業所の運営に関わってきました。読み書きは満足に出来ないかもしれませんが、人の為になることをすることは自分の為になります。誰もする人がいないので経理も担当しました。家計簿を付けたこともありませんが、目標を持って一歩でも近づこうとすると仕事が教えてくれます。

ひらがな、カタカナは書けます。読み方もほとんどＯＫです。でも会議の中で聞き取ったり、それをそのまま文章にしたりすることはなかなか出来ません。全部ひらがなで記録し、帰ってから辞書を引き引き、この漢字なのかあの漢字なのか、迷いながら文章に直していきます。パソコンも独学で少しずつ出来るようになりましたし、公民館で勉強してローマ字入力も出来るようになりました。普通の人と同じように肩を並べてやりたい。普通の人が一日でできることなら私は五日かけてやる。自分が努力すればいいだけです。

去年その作業所をＮＰＯ法人に立ち上げました。申請書類を全部私がやりました。これは大変でしたが、そのことで作業所の子どもたちが救われるし、長年作業所を支えてきた会長も陽の目を見ることができるので、とにかく一から勉強しました。がんばり過ぎてウツになった時もありましたが……。

頑張ることはできますが、基礎力がないことに悔しい思いを何度もしてきました。そのためにもどうしても夜間中学に入って基礎を身に付けたいのです。那覇市の委託を受けて在宅障害者のアドバイザーをしています。夜間中学の入学にあたって、会議を夜から昼に変えてほしいと申し出たら、みなさん目を白黒させていました。自信ありげに振る舞っているのでびっくりしたようです。でも恥じる必要はありませんよね。

入学して、普通の人には当たり前の「おお」と「おう」は違うということ、一時間三〇分と三〇分は、分に直さないと計算できないことが分かり感動するんです。自分には同級生がいないのがひがみでもあったので、今のクラスの小さい輪を強く作っていきたいです。

得意というか好きなのは日本語と算数、苦手は英語と化学でしょうか。日常と離れた内容はなかなか覚えられません。分からない人に分かった人が教えるというのが当たり前ですが、うまく言えないんですがちょっと違和感を覚えます。例えがあっているか分かりませんが、政治家が貧しい人のことが分からないと同じような感じを持つことがあります。そこを乗り越えて勉強し、高校、大学と進んで福祉の勉強がしたいと願っています。

※古い価値観を捨てて自分を見い出したい

◆M・Sさん〔女性　一九四一年生まれ〕

私は七人兄弟の長女として生まれました。土地はたくさんあったのですが、父が病気がちで働き手がいなかったのです。ですから、早朝から父と一緒に芋掘りなどをしてから学校に行ったり、学校の途中でも帰って、畑をしたりの毎日でした。お金はないが親の愛情は十分受けたと実感しています。

小学六年生の夏休みに、学校の先生のお家にお手伝いさんとして住み込みで働くようになり、学校は中退しました。嫌だったのはそのお家の赤ちゃんにおっぱいをあげるため、昼休みに学校に連れて行くことでした。一番行きたい場所に行くのに、自分は勉強出来ない。これが何とも辛く耐えられず、しばらくして口を利いてくれた叔母さんに頼んで辞めました。学校には行けないが、まっとうに生きてみせると決意したのもこのころです。

結婚しましたが人の妻としてやっていけるのか、子育てができるのか不安でした。でも、子どもたちに勉強をしろと言ったことはありませんし、塾にも入れませんでした。学校の授業が基本だからです。子どもは大学まで進み、自立しました。

自分でも努力しました。もともと読書が好きでしたから、手当たり次第に本を読みました。辞書はいつも持ち歩いて、分からない言葉はすぐに引いて確認します。漱石、鷗外、啄木などを読みました。

子どもや孫にも電話ではなく手紙を書くようにして、文章も自分なりに書けるように心がけています。今となっては笑い話ですが、会社勤めをしていた時に上司に呼ばれ、「履歴書に高校卒業ならそう書かないと給料に響くよ」と言われました。実体は中学を卒業していないので、ひやひやものでした。

学歴がないことでコンプレックスを感じたことはありません。でも、たえず学歴ではなく学校に行きたい、学びたいと思い続けてきました。自分は何のために生まれてきたのか。あと何年生きるか知りませんが、残された時間を自分のために使いたい。古い価値観を捨てて自分を見い出したい。

珊瑚舎スコーレの夜間中学の新聞記事を見た時、鳥肌がたちました。五〇年間咽《のど》に刺さっていた棘《とげ》がとれるのではないかと思い、珊瑚舎がどこにあるかもわからず、那覇の樋川、樋川と思って来たら、間違って国場の樋川に行ってしまって、慌てました。学ぶことがこんなに楽しいのかと今実感しています。

そのうちに今のクラスで修学旅行がしたいですね。結婚して京都や東北に旅行しましたが、いつもどこかに修学旅行だったらという思いがあるんです。小学校の時二〇円がなくて参加できなかったんですね。

今は少子化で廃校になったり、教員が余ったりする時代です。どうして私たちのような者のために活用してくれないんでしょうか、と知り合いの先生に訴えたことがあります。

「おしん」なんてもんじゃありません。戦争の体験も大きいです。生活のためにアメリカに渡った同級生も多いのです。父は先妻との間の兄二人を戦死させたことを悔いていました。意味のない負け戦だと止めたそうですが、兄たちは結局亡くなりました。

戦時中、家で飼っていた〝ヴァー（ブタ）〟が、戦闘機に撃たれて屋根に飛ばされてしまい、大慌てでシンメー鍋（大きな鍋）を火にかけてご馳走を作ったという、泣くに泣けない話もありますが、子ども心にも親の後をついて逃げ回ったことは忘れられません。ですから子どもを戦争に行かせないためなら、刑務所に入ってもいいと思っています。

※この年になっても学校を卒業する夢を見るのです

◆Y・Kさん〔女性　一九三八年生まれ〕

家政婦をしています。四月に仕事先で夜間中学の新聞を見た時、思わず「あー、神様は私を助けてくれるんだ。味方をしてくれる」と声に出してしまいました。

いつも学校を出ていないことが胸につかえていました。オオトロバイ（とっても鈍い）なので、子どもや孫に関する世間話しか出来ませんし、話を合わせられないことがコンプレックスになり、引っ込み思案のまま生きてきました。この年になっても、学校を卒業する夢を何度も何度も見るのです。ここに入学してから、ようやくその夢が消えてくれました。

六年生までは、田舎で何とか学校に通っていました。兄に自分の家で子守りをするように言われました。嫌だと言ったのですが、学校カバンごと力ずくで那覇に連れてこられました。それからは毎日、甥や姪の世話で明け暮れました。

それでも合間をぬって中学に通いましたが、しばらくして兄が商売に失敗して、大きな借金が出来てしまったのです。高校受験の準備をしている友人を羨ましく思いました。受験料がないのは分かっていましたが、兄に話を持ちかけてみました。返事がありません。その沈黙に耐え切れず自分から「来年もあるし」と言ってしまいました。すかさず兄は、「何とかなるさぁ」と答えました。その来年になったらますます貧乏になって、鉛筆を持つどころではありませんでした。

この後は住み込みで働き、盆も正月もありません。レストランのウェイトレスなどを転々としました。学校もろくに行っていないので、これぐらいしか仕事がないのです。稼いだ金は一銭も手をつけず、母に仕送りをしました。兄弟は母の元にいて進学しました。それを思うと自分一人見捨てられたような、犠牲になったような気分がしました。女だから学校は二の次と思われていたのです。

あの時に少しでもジンブン（知恵、知識）があったなら、役所に頼めば何とかなったのではないかと思ったりします。父が戦死していますし、働いて後でお金を返すようなことが出来たのではと、今でもあきらめきれないのです。

同じような境遇の夫と結婚しました。向こうも南洋で親を亡くし、工業高校に受かっていたのに、貧乏で通いきれなかったのです。他人に負けまいと努力し大工の棟梁《とうりょう》になりました。

今が一番幸せです。通えてラッキーです。夫も誘ったのですが、あんたががんばってやりなさい、見といてあげると言ってくれました。娘は「母さん勉強したかったんだねー、協力するよ」と言って、今までしなかった洗濯や炊事を引き受けてくれてびっくり。思わぬ教育効果ですよ。仕事先の奥さんにも話ました。身体は持つのかと心配してくれ、「雨の日には洗濯できないのだから勉強したら」と配慮してくれます。

クラスに友だちができました。仕事場は一人なので、仲間がいるって何年ぶりの感覚でしょうか。勉強はしっかりやって、いつか定時制高校に上がりたいです。

コラム

戦後から「復帰」前と世替り

安里　英子

夜間中学の多くの生徒は、第二次世界大戦における沖縄戦を経験し、その修羅場をくぐりぬけた方々である。戦場を家族と逃げまどい、親や兄弟を失い、たった一人生き残った例も少なくない。戦後は貧しい暮らしの中で、幼いころから奉公に出されたり、ある程度の年齢に達すると「軍作業」＝基地労働者として働いた事例が、数多く報告されている。

米軍は基地建設を進め、そこに労働者として沖縄の人を投入することが、沖縄の経済復興につながると考えていた。それによって農地を奪われた人々が、基地内労働者として吸収されていった。従業員数は、一番多い時期で六万七千人（一九五二年）を数えた。この時期は、サンフランシスコ講和条約が施行され、基地が本格的に建設された時期である。

復帰前（一九七〇年）には、米軍基地施設は三六あって、基地の機能に応じて、さまざまな基地労働の職種があった。夜間中学校の生徒さんは、ハウスメイドの経験者の方が多い。それ以外でも、沖縄タイムスが八三人の基地労働者に聞き取りをして出版した『基地で働く』（二〇一三年）によれば、たとえば知花弾薬庫では、女性も砲弾の薬きょうに火薬を詰めるなどの危険な作業をしていた。

軍病院でフードサービス（食事を運ぶ仕事）をしていた人もいる。その女性が勤めていたのは一九五九年ころで、宮森小学校（当時の石川市・現うるま市）に米軍のジェット機が墜落した。そのとき病院で小さな子ども四、五人が、浴槽の中に入れられて治療を受けているのを見かけたという。

タイピストの仕事についた女性は、公務以外に、沖縄女性と米兵の結婚手続きの手助けもした。また米兵と結婚して米国に渡った女性は、その後に離婚して沖縄に戻ってきたが、米兵と結婚した際につくったＩＤで、基地内でウイスキーやビタミン剤などを手に入れて横流しをしていた。当時はこのようにして生活を支えている人たちが多くいた。

ハウスメイドは軍人・軍属が直接雇用し、米国人家庭で子守りや掃除などをした。読谷出身のTさんは、中学校を卒業すると米空軍の家族住宅地域でメイドとして働いた。沖縄はまだ焼け野原で、水道もない時代だった。水道や水洗トイレに驚き、電化製品の使い方もわからずに感電したという。

Nさんは、牧港住宅地区でメイドをしていた。裁縫ができたため、子ども服や夫人のドレスを縫ってあげたら、喜ばれた。給料一五ドルのうち、一〇ドルは家計にし、五ドルを定時制高校の学費や通勤費にあてた。

そして、これは私が直接聞いた、有名な音楽家の母親の経験談である。

北部の貧しい山村暮らしの彼女は、若いころ馬に乗って山に入り、薪を集め、海に潜ると海草や貝を採った。まさに野生児そのものだったという。ところが戦後、すぐにメイドとして働いた。見るもの聞くものすべてがめずらしい。誕生日に腕時計をプレゼントされたが、それが何なのか、わからなかったという。

さて、「軍作業員」も日本へ復帰すると、大量解雇で多くの人が職を失った。牧港補給基地を追われた女性たちは、組合幹部のアドバイスで、七人で保育所を立ち上げた。保母の資格や調理師免許に挑戦するなど、猛勉強をした。その保育園も二〇一三年には三五周年を迎えた。

復帰後、沖縄の基地そのものは減っていないが、基地従業員は約九千人に減った。かつての低賃金では雇えない事情もあるのだろう。また戦後、基地内では多くの事件・事故が起こっている。沖縄人の犠牲についてここでは触れなかったが、健康被害、交通事故、米兵による女性への暴行、住民が射殺された事例もある。

そのような危険と隣り合わせの職場で、基地従業員は生活を支えてきた。そして従業員の組合である全沖縄軍労働組合（全軍労）は、復帰後には全駐労（全国駐留軍労働組合）へと組織替えした。

暮らしに、大きな変化をもたらしたものに「通貨の切り替え」がある。おそらく、夜間中学の多くの皆さんが、実際に使用した「お金」は、戦前の日本円、占領直後の軍票B円、ドル、そして復

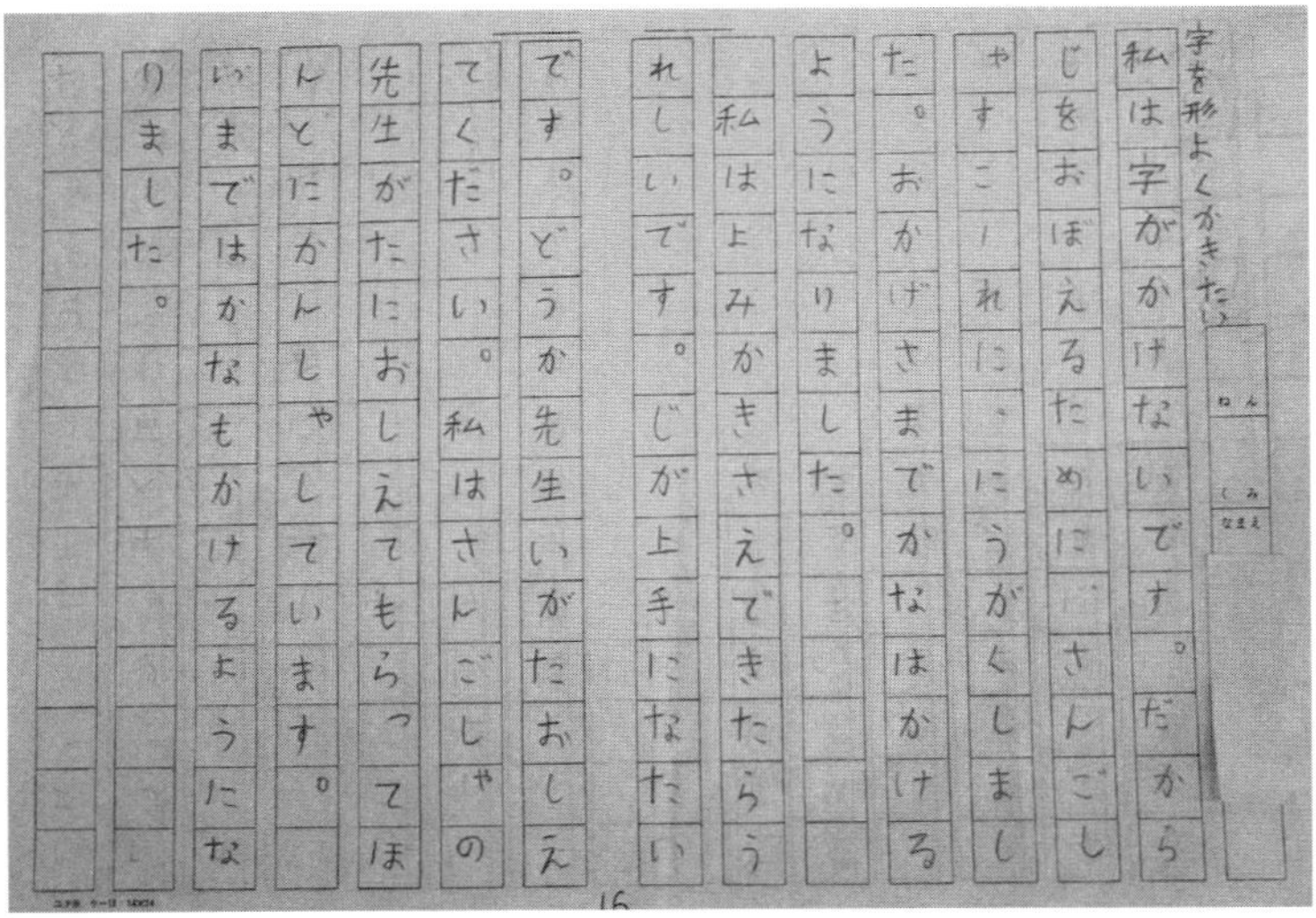

1年生の作文

帰後の日本円である。

復帰と同時に「ドル切り替え」が行われたが、商店や市場は大混乱した。当時は一ドル＝三六〇円の固定相場からドル切り下げによる変動相場制への移行という、国際経済の混乱の中での切り替えであった。人々の一ドル＝三六〇円での通貨交換への期待は裏切られ、一ドル＝三〇五円に政治的に決定された。人々は換算票を片手に買い物をした。しかも急激な物価上昇が沖縄を襲った。

「復帰」に便乗して、本土の悪徳業者も暗躍した。たとえば農地の買いあさりである。「復帰すると農地法が適応され、農地が売れなくなるから、今のうちに」と、干ばつで疲弊していた農家から、農地を買い占めた。

また特別な霊能力をもつユタに対して、免許が必要だとして、本土の宗教団体まがいのセールスもあった。

さらに「交通変更」では一九七八年七月三〇日、自動車の対面交通が右側通行から左側通行に変更になるなど、これまでの生活習慣が逆転する大きな変化と混乱が続いた。

【あさと・えいこ　フリーライター】

「まちかんてぃ」キーワードⅡ②

回 疎開生活の中で

※奴隷の苦しみの歌を自分のことのように歌った

◆N・Hさん（女性　一九三五年生まれ）

小学校一年生から教えるところがあったらいつでも行くと決めていました。娘が新聞で知り、電話をしてくれました。小学校も出ていないのに中学校は無理だろうと思って娘と一緒に来て話を聞いたら、小学校三年生ぐらいから教えてくれるというので決めました。

私が六歳の時、父が病死しました。聞いたところによると、相撲をしていて〝シージマ（横綱）〟にまでなったのですが、対戦で怪我をしたのが亡くなる原因だったそうです。あいついで母も亡くなりました。その後はタンメイ（祖父）が一人で、弟と私を育ててくれました。三年生の一学期までは小学校に通いました。

一〇歳の時、酒屋を営んでいた奄美大島の親戚に引き取られて、子守りや炊事をするようになりました。食べるだけで精いっぱいですから、学校は出してもらえませんでしたね。戦争が激しくなり、親戚の家族とともに九州に疎開し、大分の臼杵、熊本の水前寺、鹿児島の大口と転々としました。

忘れられないのは、疎開先で一緒だった女学生のことです。この人は継母に育てられていたためか、私と同じように炊事仕事を朝夕します。その時にカマドの灰にＡＢＣを書いてくれたり、学校で習った歌を教えてくれるのです。いまだに覚えているのは「アラバマからルイジアナへバンジョウを持って、旅はつらいけど泣くんじゃない……」という、アメリカの奴隷が苦しさに耐えられず逃げる歌です。どこか自分のことのように思って歌っていました。この人とは相通じるものがあり、いつか平和な世の中がきたら……と慰めあいました。

天皇のラジオ放送（注）を聞きました。みんなは泣いていましたが、私はもう空襲がないと聞かされてうれしかったです。弟は宮崎に疎開して無事だったことは、沖縄に戻って知りました。

奄美大島に戻ってからは、親戚の家業だった芋焼酎づくりに励みました。モロミや麹を作り、それを担ぎ上げるのですが、並みの量ではありません。私以外は男の人でした。この時の無理がたたって、今も背骨に後遺症があります。

戦後しばらくして、沖縄の叔母さんからどうしているかと手紙がありました。沖縄の状況が分からないまま密航船に乗り、糸満につきました。どうしたらいいか分からず、しばらく蒲鉾屋で働き、那覇に行くトラックをみつけて飛び乗って、ようやく叔母さんの家を探し当てました。

弟は口減らしで鍛冶屋に奉公していました。叔母に頼んで戻してもらおうとしたのですが、どうやって食べていくのかと言われ、それからはアメリカさんの洗濯を必死でしました。当時はアイロンが「火のし」でしたので一晩中かかりました。弟は頭が良く工業高校まで進み、高校時代は自分がＰＴＡに出ました。でも、時々自分が行ければなぁと思うこともありました。親戚も戦争さえなければ学校に行かせてくれたはずです。

軍で働くようになりましたが、無学なので仕事は洗濯です。弟を喰わしきれず一九歳で結婚しました。人に愛情をかけてもらったことがなかったので、夫に出会った時は自分の人生にもこんなことがあるんだと驚きました。弟も養ってくれて無事に卒業できました。

四人の子どもを育てましたが、読み書きが出来ないので、子どもに聞かれても教えられないのが辛かったです。字をマス目一杯にきれいに書くようにとしか言ってやれませんからね。

それでも三七歳の時、夢に見るほど車の免許を取りたくて猛勉強をしました。問題集にふりがなをつけてもらい、何日も寝ずにがんばりました。夫に大学にいくつもりかと笑われたほどです。この時に少し字を覚えました。免許をもらった時は文字通り「天にも昇る喜び」でした。読み書きができる人には分からないと思います。


夜間中学は隣の席の人の顔をみるだけでもうれしいです。勉強は自分がやっていないことだから楽しいですよ。二〇年前だったら覚えも早かったはずよ。算数は難しいけど、日本語やコーラスは張り切ってやっています。家族も応援してくれます。

私が毎日出かけるので夫は、「ヤーヌカミカラミハナサットンドー（おうちの神様から見放されているよ、おうちにいつかないねー）」と言います。私は「フカヌウカミカラウンチケサットーンー（外の神様からお招きを受けているのよ）」と答えて笑い合っています。いろんなことがありましたが、喰うのに精いっぱいな時代を過ごしてきたので、他人の子にご飯をあげるというのは本当に気持ちが広い人しかできないと思います。今はありがたい世の中になりました。

（注）**天皇のラジオ放送**：一九四五年八月一五日に、昭和天皇が日本のポツダム宣言受諾を国民に対して明らかにしたラジオ放送。

※兄は生きて帰って来た、引き取れと言われた遺骨はだれのもの

◆N・Yさん〔女性　一九三三年生まれ〕

沖縄に夜間中学校があることは新聞で知りました。三年前に開校した記事を見ました。でも、学校は怖いという気もあったし、夜間中学に行きたいとはダレにも言えずに、新聞の切り抜きをとってあったのです。それがこの春に夜間中学校から卒業生が出る、しかも高校に進学するという記事を見て、うらやましくなりました。娘に相談すると、「何で早く言わないの。いいねぇ。早く行きなさい」と新聞社に電話をして、珊瑚舎の電話番号を聞いてくれました。

小学五年生の一学期に家族疎開をしました。父が病気だったので兄嫁と甥、弟、私の四人です。学童疎開もあったのですが、父が子どもだけでは心細くてやれないと言うのです。二〇軒の家族がまとまって鹿児島まで船で行き、五軒ずつに分けられ、私たちは熊本市の郊外のお寺に預けられました。

大人は畑仕事を手伝い、子どもは学校に行きましたが、勉強はせず芋や野菜を作っていました。空襲が激しくなると学校はなくなり、沖縄からの仕送りが途絶えました。近所の子守りを引き受けて食べ物をもらったり、闇商売で熊本市内に芋やにぎりめしを売りに行くようになりました。子どもは捕まってもお巡りさんが許してくれるのです。それも汽車がなくなり出来なくなりましたが……。

住み込みで、八人兄弟の家に下働きとして入りました。朝早くから歯釜《はがま》（まわりにつばのついたカマドの釜）

でご飯を炊き、水汲みをするのは大変でしたが、ご飯が食べられるだけでありがたいと思っていました。洋裁学校に行っていたお姉さんが優しくしてくれて、この人とは沖縄に帰ってからも付き合いがありました。

沖縄は全滅したという知らせも入ってきます。一度だけ両親の夢を見ました。畑仕事をしていて、話しかけてもうつむいたままで、ものも言いません。これはダメだと思いましたが、沖縄から来ていた小母さんが、それは反対だよ、生きているから夢に出るんだよと言ってくれました。

沖縄に戻りましたが、本当に全滅でした。疎開しなかった両親、次兄さん、妹はすでに死んでいました。親戚が屋敷跡に掘っ立て小屋を作ってあり、そこに四人で住みました。

畑といっても艦砲射撃でめちゃくちゃにされていて、食べる草の芽もありません。ソテツの実からデンプンを絞ったカスをさらに臼で挽いて食べたり、アフリカマイマイ（外来の大型カタツムリ）をゆがいて食べたりました。これは一度ゆがいてカマドの灰で粘りをとり、再度ゆでるのです。食べられそうなものは何でも口にしました。

三歳下の弟を学校に行かせるため、口減らしで叔母さんの所に移りました。しばらくして、戦死した上の兄さんの遺骨を引き取るように連絡がありましたが、兄さんは生きてひょっこり帰ってきました。あの遺骨はだれのものだったんでしょうか。

二〇歳で同じ集落の人と結婚しました。このころはまだ集落ごとに夜、若者が集まり歌ったり、おしゃべりしたりする風習がありました。若かったので軍のハウスメイドをしました。将校の家族は二年間ぐらいで変わりますが、いろんな家族と付き合いました。

一番親しかった家族とは離れても付き合いがあり、日曜日には私に日給を払いドライブに連れて行ってくれたり、帰国してからも洋服をダンボールで送ってくれたりするのです。また、私たち夫婦にアメリカで暮らさないか、子どもを留学させないかとも言われました。復帰前は毎年沖縄に来て会っていました。復帰後、家族でアメリカのカリフォルニアを訪ね、再会しました。その後ご主人が亡くなり、奥さんも半年後に後を追いましたから、思い切って訪ねてよかったです。

人前で字を書けません。覚えている字でも手が震えて書けないのです。子どもの参観日は楽しみでした。自分が習っているような気持ちになるのです。学校のことは思っていたんですが、生活に追われていると後回しになります。食べることが先にありますから。

でも、何とかしたいと三〇年ぐらい前に英語塾に通ったことがありますが、私が一字書き終わるころにはもう消されていてついていけませんでした。夜間中学は塾と考え方が違います。ていねいに何でそうなるのか分かるまで教えてくれます。問題を解けても意味が分からないとダメなんですよね。分かること、一字一字がきちんと書けて読めることは本当に楽しいことです。

※私が子守り、家事を引き受けないと食べていけない状態でした

◆H・Tさん〔女性　一九三八年生まれ〕

去年ですかね、星野校長先生が小禄《おろく》の南公民館で講演をした時、聞きにいきました。初めて夜間中学があることを知り、行きたいなぁと思ったのですがそれっきりになっていました。テレビで夜間中学の卒業式が映ったのがきっかけで、すぐ申し込みしました。出来るなら孫と一緒に地域の学校に通えたらと思っていた

んです。でも、そんな制度はありませんからね。

戦争が始まった時は五歳です。父は戦争にとられて母と二人暮らしでした。

私は体が弱かったので、母は宮崎に疎開を決めてくれました。周りからは反対されたそうですが、娘は弾で死ななかったとしても、このままでは病気で死ぬと言って説得したと聞きました。農家にお世話になり、母は近所に働きに出て、小学校一年まで宮崎にいました。

二年生で沖縄に帰りました。父が内地の軍病院に入院しており、母と迎えに行ったのをかすかに覚えています。父のことは全然覚えていなくて、見たとき伯父さんにそっくりだと思いました。

私が小学五年生で妹が二歳の時です、母が病気で亡くなりました。

それからは妹の面倒を見るようになりましたが、学校には通っていました。中学校一年の時に父が再婚しました。義母は毎年子どもができ、六人を生みました。そうなると私は学校どころではありません。今日一日通っても二、三日は休む、四、五日休むようになり勉強にもついてはいけません。私が子守り、家事を引き受けないと食べていけない状態でしたから、学校は自然と遠のいていってしまいました。

両親は二人とも外に出て働いていました。私は七人の兄弟の面倒をみると同時に芋を育て、山に薪集めに行き、水汲みをします。四角い一斗《いっと》缶を二つ担いでムラガー（村の井戸）まで六、七回は往復します。井戸へは階段になっており、水を汲んで上っていくのはキツイ難儀な仕事でした。

一七歳のころ、無理がたたってか腰痛、神経痛にかかり、働けなくなりました。痛みがひどく、歩くどころか動けないのです。そうなると義母は辛く当たるようになり、寝ているとそのゴザをひっぺがえし、出ていけと怒鳴ります。

たまらず小禄の叔母さんを頼り、夜逃げしました。叔母さんは軍作業で働いていました。借家でしたが、その大家さん夫婦が金物屋を営んでおり、住み込みでそこの手伝いをするようになりました。この夫婦は、戦前フランスで暮らしていて土地まで買ってあったそうですが、戦争のため沖縄に戻ってきて商売をしていました。近所でも〝フランス帰りオジィ〟として有名でした。

バーキー（平たいザル）一枚に金物を乗せて始めたそうですが、次第に大きな店になりました。心の広い二人で、私が病院やお灸に通うのを認めてくれて、治療費も貸してくれました。三、四年はいたでしょうか。

その後、友だちに誘われて軍のメイドになりました。多くの若い女がメイドをしていたので、近所同士でおしゃべりしたり楽しかったです。言葉は手まね足まねですよ。でも子どもは、大人がこんなことも分からないの？　という顔をして何度も教えてくれますから、少しは話せるようになりました。この給料で治療費を返すことができました。

結婚は同じ村の字《あざ》出身で、両親を亡くし他人に預けられて育った人で、小学校までしか出ていません。育ちをお互いに知っていましたから、学校を出ていないことは問題になりません。だからこそ子どもは借金してでも学校に行かすつもりでした。三人とも学校を卒業し、結婚して孫もいます。夫は定年を迎えたら初めてゆっくりできるねと言っていましたが、定年を待たずに亡くなりました。

結婚してからももちろん働いてきました。字を書く以外の仕事です。車屋の掃除、銀行のまかないなどです。字を書くようなことは出来るだけ避けてきました。子どものＰＴＡやクラスの世話人などもやりたいのですが、もし字を書かされたらと思い、そんな時は避けて出席しません。引け目ですよ。

夜間中学は楽しい、おもしろい。年齢にも経歴にも差がありながら、習ったり、教えたりできるところがいいんですよ。自分の人生、限られた時間ですから遊んでいられないいし、第一、楽しくなかったらこの年で通いませんよ。

※自分がきちんと学んだらあの世の母に報告できます

◆M・Hさん〔女性　一九四〇年生まれ〕

夜間中学を知ったのはNHKのラジオで見城義和先生（東京都江東区文化中学の夜間学級の元教員）のことが放送されたからです。こういう学校っていいなぁと思いました。そして夜間中学校を描いた記録映画「こんばんは」の上映があると新聞で知り、見城先生に手紙を書こうと住所を問い合わせました。その中で映画センターの方から珊瑚舎スコーレが夜間中学を始めると聞き、申し込みました。

戦争中は熊本に疎開していました。ずっと後になって母から、実は対馬丸（米軍潜水艇に撃沈された学童疎開船）に乗るはずだったが、あまりの混雑に次の船にしたと聞かされ、びっくりしました。戦後すぐに沖縄に戻り、やんばる（沖縄の北部）に逃げていた父に再会しました。もし、父が南部（沖縄戦の激戦地）に逃げていたら会えなかったでしょう。でも、父は戦争にも行けないほど身体が弱かったため、無理がたたり間もなく亡くなりました。

母は四人の子どもを抱えて苦労しました。私は小学校五年の時、校庭で事故にあったのです。フットボールをしていた生徒四、五人がボールを追いかけていて、遊んでいた私の上に倒れこんでしまったのです。痛かったのですが、いわゆるケガで血が出るといった状態ではなかったので、先生に痛みを訴えることもせずに黙って帰りました。

それ以来股関節がダメになり、片足を引きずってしか歩けなくなってしまいました。金もないし保険制度もない時代です。まして、事故の責任とか補償という考えもありませんでした。痛むとギプスをしていました。

小学校はまだ何とか通えたのですが、中学校は遠くて通いきれません。叔母さんの家の子守りをしたり、縫い物を教わったりしました。母は歩けないなら学校に行かなくてもいい、手に職を持ったらいいさぁという考えでした。従姉妹を通して、母が女は学校なんか行かんでもいいと思っていることを知り、ショックでした。

ただ、一つ違いの兄が母に「学校に行かせなさい」と意見してくれましたが、その時の私は兄の真意を察しきれなかったのです。私自身は痛くて歩けなかったので、仕方ないことと思っていました。何もかもあきらめていたのです。

しかし、年はとっても勉強したい、基礎を学びたいという思いがうずいていました。どこか、ごまかしごまかし生きているような気分なのです。会話などでつまずいてしまうことがあります。いきなり知らない四字熟語で返されると絶句し、分かったふりをしますが、苦しくなります。また、心の中に少女のままの気持ち（成長していない部分）が、いっぱいつまっているのを感じるのです。

五月は月桃《げっとう》（ショウガ科で東アジアの熱帯に自生）の花の季節です。この花だけは、戦争が終わって何もない瓦礫《がれき》の藪《やぶ》の中でも変わらず咲いていました。入学式のみんなの喜んでいる姿、弾んだ声がこの花と重なりました。花は小さいけれど純白とピンクで、世間ずれしていない少女のようです。歩きながら月桃の花を見ると夜間中学のみんなに似ているねぇ、同じ想いねぇーと思います。
もう少しであっち側に行く年なんでしょうが、でも学びたいですね。自分がきちんと学んだらあの世の母に報告できます。今は幸せですよ。やりたかったことをやれているんです。頭に入るには時間がかかりますが、先生の教えたい気持ちが分かっているので、精いっぱい吸収しようとしています。

※離婚してでも学校へ行く、それくらいの覚悟があった

◆S・Hさん〔女性　一九四〇年生まれ〕

夜間中学のことは、テレビの番組や山田洋次監督の映画「学校」を観て知っていましたが、沖縄にいる自分とは縁がないものと思っていました。新聞で沖縄に出来ると知って、「えっー、内地のことじゃないんだ」と、その夜すぐに電話をしました。

戦争中は宮崎県に疎開をし、糸満に戻ってきました。五人兄弟ですが、三番目の私までは働かないと喰《く》えない時代でした。母が身体が不自由なこともあり、そのころ商売をしていた金物屋を、母と一緒に切り盛りしていました。

小学校四年生からは午前中に学校に行き、午後は毎日仕入れでトラックバスに乗り、那覇まで通います。トラックに幌をかけたものです。この間、県庁前にそれが展示され、懐かしくて見に行きました。

中学生になって、学校に通わせることが条件で住み込みに入りました。はりきって教科書を背負って行っ

たんですが、現実は厳しかったです。別に意地悪されたりいじめられたわけではなく、むしろ子どものようにしてもらいましたが、商売の仕事が忙しかったので、あきらめざるをえなかったのです。

ここに二六歳で結婚するまでお世話になりました。ある時期からは仕入れから接待まで任されていました。教わったことも多くあります。各法事のしきたりから料理まで仕込まれましたし、また人との対応の仕方も身につきました。今になって価値があったと思いますね。姉や兄は、人に交わるのを苦手としていますが、私は平気です。税務署でも何でも、分からないことは聞いてやればいいと思っていますから。人の輪に適合する力をつけました。

人生を後悔はしないと決めて、どんな境遇であっても自分で選びとったものだと考えて生きてきました。自分の判断、価値観で動くものと考えています。それだけに自分に中身がないのが嫌なんです。耳学問で頑張ってきましたが、基礎が分からないままにいろんなことを取り入れても限界があります。人間ドキュメンタリーを観たりすると、こちらも充実します。それだけのことをやり遂げる姿に感動します。自分はやろうにも出来る力がないのですから……。

学校のことは、基礎はいずれ年金を受け取るようになったら、誰かに教えてもらおうと思っていました。夢を持ちつづければいつか叶うと自分を励ましてきたので、夜間中学が沖縄に出来るとは、そのうれしさは、すぐ言葉にならないですね。

今回通うにあたって、夫は私が外に出るのを嫌うので、最終的には離婚してでも行く、そのくらいの覚悟はあると言おうと思っていました。子どもたちにも一応相談しました。三人とも、「いいじゃないか、やったらいいよ」と言ってくれ、夫も思ったより簡単に納得してくれました。

毎晩通うのはやはり大変です。六時に仕事を終え、駆けつけてくるのですが、復習する時間が取れないんです。仕事を辞めて集中しようかとも考えますが、無理がありますから、ゆっくりでもいいから七〇歳までに積み重ねて、通信制高校に行きたいですね。

授業はすばらしいです。先生方が生徒を大切にしてくれるのがありがたいです。もっと厳しく遠慮なく教えてください。

※勉強ってこんなにワクワクするんだ、初めての感覚です

◆M・Gさん〔女性　一九三九年生まれ〕

この学校のことは、石嶺の公民館で沖縄県が出している募集のチラシを見て知りました。たまたま寄った時に目に入ったというのは、自分の中に学校に通いたいという思いがあったからですかね。職場の四〇代の人が、字もよく書けなかったのに努力して高校に進学し、大学までいったんです。とても印象に残っていました。

七五歳まで働き、本当はもっと働いていようかなと考えていましたが、子どもが「母さんいつまで働くつもり、足腰が利くうちにやりたいことをやったらいいさぁ」と声をかけてくれたので、それじゃ長年行けたらいいなぁと思ってきた「学校」に通う決心をしました。

八人兄弟の二番目長女です。五歳の時に宮崎に疎開し、小学校に入学しました。宮崎では学校の帰りなど

に、「沖縄人」と言われて追っかけまわされたりしました。今でいういじめです。私はおとなしいと見られがちですが、山に薪を取りに行った時などは、薪を振りましていじめっ子を追い払うなど、根性を強く持っています。

八歳の時、父が疎開先に迎えに来て、この時初めて父と対面しました。父に本を読んで聞かせてと言われたのですが、恥ずかしくて出来ません。そうしたら父にひどく叩かれ、それが原因で極端な引っ込み思案になったんです。

沖縄に戻ったのですが、貧乏暮らしで大変でした。兄は長男ですから一家で応援し、進学し公務員になりました。下の兄弟たちも高校、大学へ進みました。私だけが学問をしていません。農家ではありませんが、朝四時に起きて水汲み、その後は下の兄弟の面倒を看るのが役目です。六人もいますからね、でも辛いとか、私だけが何でと思ったことはありません。そういうものだと思って受け入れていたのでしょう。祖母の愛情があったせいかもしれません。寒い日などお湯を沸かし、体をふいてくれました。たったそれだけのことですが、大切にされているんだと実感できました。

父は怖い存在でした。ですから生前、一度も「お父さん」と呼んだことがないんです。それが心残りです。父自身が長男で、貧しいながらも自分の兄弟には、ほんと良くしていました。困ったことは何でもしてあげるし、お金は取らない人でした。

それもあってかある時、叔母が当時では珍しかったミシンを私に買ってくれたんです。学校にも行かず、家で兄弟の世話に明け暮れている私に、自活の道筋をつけようとしてくれたのでしょう。そりゃ嬉しかったです。隣の洋裁店の手伝いをしながら、ミシンを使って頼まれ物をするようになりました。父が亡くなってからその愛情が分かり、今は泣きながら空に向かって「お父さん」と呼んでいるんですけど。

いろんな仕事をしましたよ。パチンコ屋で働いた時、まかないで刺身が出ました。私の家では刺身は父だけが食べるもので、祖母からは女が食べたら体からウジがわくと教えられていたので、「口に出来ない」と言って笑われました。食べたら、こんなに美味しいものかとびっくりです。

結婚し、子どもにも恵まれましたが、夫が働けず苦しい生活でしたから、仕事を三つ掛け持ちで働いた時期も結構ありました。クリーニング店、掃除婦、病院の厨房など、いずれも一五年ぐらいは続けました。自慢はどの仕事先でも休んだことがないことです。今までに病院はもちろん、薬も飲んだことがありません。

夜間中学に通い始めた時は緊張しましたねぇ。新聞が読めるようになったらいいなぁと思っていましたけど、英語や体育まであるんです。ついていけるか不安でした。でも、家に帰って、ABCを練習するとすぐに書けるようになったんです。いきなりTとかEと言われるとダメですが、順番通りだとAからZまで書けます。九九もできるようになったんです。覚えた時のワクワクはすごかった。勉強ってこんなにワクワクするんだって。人生で初めての感覚です。

習字をした時、先生が私の字を見て「あれこの人、見た目と中身は違うね」と言いました。びっくりです。勉強ってここまで分かるのかと。引っ込み思案ですが、やろうと思ったことは最後までやり通すタイプで、芯は強いと思います。一人でも子どもを育てる時はがんばりが出るのと同じです。

普通、おとなしい子どもは教室の片隅で放っておかれるけど、この学校は違います。先生は分かるまで教えてくれるし、クラスの仲間で支え合っています。黒板の前に立つと、出来るはずの問題も頭がまっ白になります。そんな時、仲間が後ろからゆっくり教えてくれます。みんなと会えることとワクワク感が一番です。

と考えたこともありました。

※ひもじい時はセミ、バッタ、ネズミまで食べました

◆O・Yさん〔女性　一九三七年生まれ〕

新聞で映画「こんばんは」の上映会があると知り、見に行きました。講演者の見城先生のサイン入りの本も買いました。そこで珊瑚舎のことも知りました。通信教育には中学校の課程はないので、内地に行こうかと考えたこともありました。

小学校二年までは学校に通っていました。二、三歳のころに父は兵隊に行っており、母と子ども五人の暮らしでした。隣近所の人たちとやんばるに疎開することになりました。でも私たち一家は足が遅く、途中で着いて行けずにはぐれてしまいました。

なにしろ母は疎開前日に妹を出産したばかり、兄弟も幼く自分の小さな荷物も持つだけで精いっぱいです。母は頭に鍋を、背中に布団と産まれたばかりの妹を背負い、腰の辺りに米をつけて行くのです。普通は一週間程度で着いたはずですが、私らは四五日かかりました。

普天間の壕や橋の下に泊まりながら、川沿いに進むのです。赤ん坊が泣くので、他の人々によく追い立てられました。そんな中、母はおにぎりを作ってくれました。今思うとあんな状況でどんなして作ったのか、不思議です。それだけでは足りず畑のキビを盗ってかじり、飢えをしのぎました。道や川に人やウマがころがっており、私は頭巾を深くかぶりなるべく見ないようにして歩きました。

目的地の大宜味村に着いたのですが、大雨で軒下にいると米軍の戦車が来ました。あわてて私一人が山奥に逃げ込み、迷子になりました。さまよって夜中にホッーホッーという鳥の声を頼りに山を降りると、母がいました。母は「今日、あんたーは産まれたんだよー」と抱きしめてくれました。朝までに隠れていた人たちも、全員畑に集められました。

話に聞いていたように戦車で轢き殺されると思い、年寄りたちも泣きました。でもそんなことはなく、羽地の収容所に入りました。私たちは民家の一角でした。母は無理がたたったのでしょう、産後のひだちが悪く熱を出し、足がむくみ、さらにマラリアにかかりました。私以外の兄弟もマラリアにかかり、一日に何度も熱を出して震えが止まりません。しかも、栄養失調でした。

米軍から非常食が配給されましたが足りず、くず芋や薪を集め、着物は空き家から持ち出して物々交換をしました。母は子どもの具合が悪いとミミズを煎じたり、カエルを汁にしました。熱が出ると芭蕉の幹をたたいて頭に乗せ、葉は枕にします。ひもじい時はセミ、バッタ、ネズミまで食べました。

疎開していた人々も帰り、残っているのは我が家と養老院のオバァたちだけでした。そんなある日、父の遺骨を取りに来るようにと連絡があり、母が那覇に出かけました。五名の遺骨がころがっていたそうです。誰のものか区別がつかず、五家族でどれにしようかなといった調子で決めるしかなかったそうです。墓のあった天久に持っていったそうですが、米軍の基地になっていて入ることが出来ず、近くの壕に置いてきたと話していました。

小学校二年の時、役所から「命令」があり、軍のトラックで那覇の救済テントに移りました。狭くて横になれません。兄たちはマラリアの熱がまだ出ていましたが、新聞配達をしていました。下の弟が小学校に入学しました。でも私は疎開先で転校手続きが出来なかったので、入れませんでした。母は女には学問はいらないと思っていたせいもあります。母から「あんたもいくのー、あんたもいくのー」と言われ、暮らしの実情を知っているので行きたいとは答えられませんでした。

お金も支給されましたが足りず、朝、昼ご飯がないのも普通でした。母は男に混じって日雇い労務の仕事をし、穴掘りや便所の汲み取りなどは私もしました。

そんな時、我が家に大きな事件が起きました。兄が拾った一二ドルを警察に届けたところ、貧しい一家の美談として新聞に載ったのです。それからは私にも子守りや女中の口がたくさんきました。

一三歳で商いをし、平和通りでアイスケーキやタマゴを売りました。兄が働き出したので余裕ができ、その後洋裁学校に入り本科、研究科まで進みました。実技はAの上でしたが、服装の歴史や倫理、そして作文が書けなくて基礎がないことの辛さを味わいました。先生からアシスタントになるよう求められましたが、文が書けずあきらめました。

その後に調理の仕事につき、海洋博の弁当作りから始め、病院に移りました。家族に病人が多かったので、病食を習いたかったのです。困るのはミーティングです。話をまとめたり、人前で話すことができませんし、講習会や学会に出ても必ずレポートがあります。ひらがなで書くしかありません。

今は定年でパートになりましたが、少しでも中身を埋めたいと思います。学校に通うと気持ちが晴ればれとします。今さら学校で恥もないので、分からないことは聞くようにしています。習うことは楽しいですね。

コラム

沖縄県民の疎開生活

平良　次子

軍民が混ざり合って地上戦が繰り広げられる中、小さな子どもからお年寄りまでが、荷物を抱えて右往左往しながら逃げまどう姿は、残された米軍の映像や写真で垣間見ることができますが、体験者の話ほど生々しいものはありません。米軍上陸前には「疎開」が計画され、異郷の地での疎開生活を余儀なくされた人たちがいました。生き残った人たちにとって、忘れがたい異常な生活体験となりました。

一九四四年七月、サイパンが玉砕したことを受けて、緊急閣議決定により南西諸島から一〇万人の老幼婦女子と学童を、台湾へ二万人、本土へ八万人を疎開させる計画が決定されました。沖縄を本土防衛の前線基地、そして「次は沖縄上陸」に備えるものでした。連合軍の南西諸島への侵攻に備えた日本軍の駐留により、食糧を確保することと、軍の作戦を優先した民間人の強制退去が目的でした。疎開先は、九州（熊本、宮崎、大分）、台湾でした。

疎開先での生活の不安、海上の危険、家族離散への抵抗で、はじめは疎開への応募者は多くはありませんでしたが、一九四四年七月には県庁高官や寄留民の家族、疎開先に身寄りのある人たちが第一陣で沖縄を発ちました。八月からは学童疎開船が九州へ渡りました。危険性の高い航海は、疎開先へ到着する前に多くの犠牲者を出しました。中でも学童疎開船・対馬丸が米軍潜水艦の魚雷を受けて沈没し、夜の荒れた海に放り出されて一四八四人が帰らぬ人となりました。

十・十空襲後は、航海の危険を覚悟の上で疎開者も増え、県外への疎開は、実際には一九四五年の三月上旬までに、九州へ一八七隻の船で約六万人、台湾へは宮古・八重山諸島を中心に約二万人が疎開したといわれています。

九州では再疎開を余儀なくされたり、食糧難、気候や生活習慣の違いからの差別、離れた家族との音信不通や玉砕の知らせが不安を煽り、「やーさん（ひもじい）、ひーさん（さむい）、しからーさん（さみしい）」の言葉で表現される以上の体験を強いられました。

戦後もすぐには帰郷できず、約二年後に沖縄の地を踏んで家族の消息を知った人も多く、悲劇と苦難を背負った戦後のスタートとなりました。

また台湾疎開では、行政からの生活支援の実態や軍の動向、敗戦後の国境を越えたあらゆる問題を抱えることになりました。

一九四五年一月からは、沖縄本島北部地域への疎開も進められました。第32軍は、主戦場と予測される沖縄本島の中南部の人たちを北部へ疎開させるため、二月中旬に沖縄県人口課と協議し、地域ごとの疎開民受け入れ先の北部町村を割り当てました。

やんばるへ疎開した人たちは、遊撃隊となった日本兵のゲリラ戦に巻き込まれ、一般住民からの食糧略奪や拉致・虐殺などの惨劇も多発しました。

四月一日に米軍が本島中部から上陸すると、沖縄本島は分断されました。中南部から北部へ疎開しようとした人たちは、逃げるように南部の端まで追いつめられ、南部地域に残っていた人たち、そして軍人たちとともに逃げ場を失い、多くの犠牲者を出す結果となったのです。

また、空襲や艦砲射撃の激しかった八重山では、石垣島は山岳地域に、竹富村・波照間島は米軍の慶良間諸島上陸直後に、西表島への疎開命令が下りました。西表島の疎開先はマラリアの発生地域にもかかわらず、終戦の八月一五日が過ぎても避難解除命令が出されず、多くの犠牲者を出す結果となりました。

八重山全体で空襲による犠牲者は一七四人に対し、マラリアによる犠牲者がその二〇倍を超える三六四七人という記録が残っています。

地上戦があった沖縄では、生き残るための政策だった疎開生活ですが、直接戦闘に巻き込まれなくても、さまざまな惨劇と苦難は避けられず、残された記録や証言は、私たちに多くの戦争の事実を伝えています。

生き残った人たちの戦後の生活を考える時、どれだけの悲しみや不自由さの中から、「生きる力」を生み出していったか、想像するに余りあります。そして、戦後落ち着いてきてから、疎開先へお礼に回ったり交流を深めているというお話を聞くたびに、揺さぶられるほどの人の繋がりの重さを感じます。

【たいら・つぎこ　南風原文化センター】

「まちかんてぃ」キーワードII③

回戦場の彷徨・戦後の苦難

※亡くなった人も生き残った人も、戦争の犠牲者です

◆Y・Yさん〔男性　一九三三年生まれ〕

新聞でこの夜間中学校を知りました。新聞はだいたい読めます。かなり以前からどうしても勉強がしたいと思っていました。自分でも本屋に行って辞典を買ったりするのですが、勉強の仕方が分からないので眠ってしまうんです。

昭和一八年、小学校四年のはじめぐらいまでは生徒数が一〇〇〇人もいる大きな学校に通っていました。次第に兵隊が入ってきて、午前部、午後部の交代授業になり、それもたった二時間程の勉強です。そうこうしているうちに学校は兵舎になり、生徒は追い出されました。

先生方が木の下で地面を黒板代わりに勉強を教えてくれましたが、道具は何もないし、雨がちょっとでも降ったら家に帰されました。

一九年の八月に兄と一緒に宮崎に疎開が決まっていました。対馬丸の二回目の航海に乗る予定になってい

ましたが、沈没し取り止めになりました。学校はもうありませんでした。

アメリカ軍が上陸するというので、父を残して一家でやんばる（沖縄北部）に逃げました。那覇方面から同じような人たちが大勢来ていました。昼でも暗い山奥に仮小屋を作り、とにかく食べる物を探し回りました。山の草はもちろん夜明け前に海に出て海の草を拾ったり、海水でおつゆを作ったりしました。泥の中を裸足ではいずりまわり、口にできるものを探すのです。

今日は生きられたが、明日のことは考えられません。この三カ月あまりのジャングル生活は、ヤマトの人には想像できないと思います。ただやんばるなので、水には不自由しなかったです。山の中には兵隊もたくさんいましたし、一緒に女の人たちもいました。兵隊は食糧をくれと言うのですが、あげるものなどないのです。

戦争がいつ終わったのか分からず、アメリカ兵から山を降りるようにと言われて初めて知りました。ただ、アメリカ軍は恐ろしいと聞かされていたので、姿を見るとみんな逃げます。姉は日本の兵隊を探しに来たアメリカ兵を見て、崖から飛び下りて両足に大怪我をしました。今は名護市の瀬嵩にあった収容所に入りました。

配給が少なく、ここでも腹をすかしていました。栄養状態が悪いのかマラリアで毎日七、八人が死んでいきます。生き残った軍医が黄色い錠剤をくれますが、一時は効きますが私もたびたびマラリアに侵されました。

一年ほどして米軍のトラックに乗せてもらいコザに行きました。コザは食糧が豊富でびっくりしました。缶詰、菓子なんでもあるのです。米軍のテントを利用した長屋に住みました。学校は生き残った先生たちが始めようとしていましたが、黒板、帳面、エンピツなど何もありません。私だけでなくみんな行きませんでした。食べることが先決ですから。

しばらくして自分の部落に帰ってみると、土地は飛行場になっていました。どうしようもなく近所の人の土地を借りて芋を作っていました。母がマラリアと疲労で亡くなり、ついで父が日射病で亡くなりました。病院も薬もありませんでした。私は一三歳になっていました。

学校に行くよりと建築の雑役をし、兄弟から離れて一人になりました。一九歳で車の免許を取り、軍のトラック運転手につきました。驚いたことに運転手は運転するだけで、荷物の積み下ろしや雑役はないのです。今までで一番楽な仕事でした。その後は仲の良い社長に誘われてタクシー運転手をしました。

結婚し、四人の子どもを育てました。悔しいのは子どもに字や計算を聞かれても教えてやれないことです。役所や病院でも困ることがありましたが、やはり自分の子どもに何も教えられないことが辛かったです。

字を書けない、計算が出来ないことは恥ずかしいことです。酒が入るとお互いのそうしたことをあげつらって、けんかも起き、情けなくなります。無学ですと社会に出て困ります。勉強をして、同じ人間としてきちんと肩を並べて歩きたいのです。戦争で亡くなった人も、生き残った自分たちも戦争の犠牲者です。戦争は絶対にやってはいけないんです。

夜間中学は最高です。先生方が一生懸命でうれしいです。学校を作ってもらってありがたく思っています。自分の世代には学校に行けなかった人が多いんです。夜間中学があることを知らない者もたくさんいるはずです。

※赤ちゃんが騒ぐので殺そうかと大人たちが相談していた

◆A・Yさん〔女性　一九三七年生まれ〕

新聞で知りました。東京で仕事をしていて、たまたま帰郷したときのことです。その記事を切り抜いてありました。七〇歳まで働いて沖縄に帰ろうと計画していました。二〇〇五年に久茂地のデパート前で夜間中学の署名活動に出会い、入学をお願いしました。

小学四年生の終業式の前日に空襲にあい、家を焼かれ、捕虜になるまで逃げ延びました。明日着ていくセーラー服を用意していたので、その日が三月二五日だと今も覚えています。学校にきちんと通ったのはこれが最後です。父が防衛隊（注）にとられていたので、義母とおじぃ、おばぁと一緒に逃げました。大里や東風平の壕を転々としました。おじぃとはぐれたのは、艦砲射撃の合間をぬってカー（井戸）に水を汲みがてらに足を洗いに行った時です。先に壕に帰ったものと思って戻ってみると、いませんでした。母の足が弾で貫通したのもこのころです。並里という民家に大きな自然壕があり、たくさんの人が入っていました。

しかし、ここも日本兵の上からの命令で、夜の八時までに出ていくように強制されました。畑の道を隠れながら逃げます。私は頭に水汲み用の歯釜《はがま》を二つ被っていたので、釜が触れ合って音がすると、「しっかり歩け！」と怒鳴られました。

このころになるとアメリカ兵は探知機で探し出すと言われていて、ある壕の中で一歳ぐらいの女の子が騒ぐので殺そうかと、大人たちが相談をしていたのを聞きました。食べ物はほとんどありませんでしたが、飼い主がいなくなった牛や馬を大人が解体した時は、大変なご馳走だったと記憶しています。

おじぃに次いで、おばぁとも井戸の水汲みで離れ離れになりました。井戸に人々が大勢つめかけて争って汲んでいました。おばぁは歯釜で汲み、私は一升ビンです。小さいので大人に突き飛ばされて井戸に落ちたところを、男の人が引き上げてくれました。そうこうしているとおばぁの姿はありませんでした。私が汲んだビンの水は十数名で飲みました。

六月二一日、捕虜になりました。アメリカ兵が銃を構えているのが見えました。老人は殺さないだろうということで、年寄りを先に立てて壕から出ました。振り返ると自分たちは隠れているつもりでしたが、風呂敷包みの荷物が壕の前にあり、丸見えでした。トラックに乗り知念の収容所に入れられました。

半年ぐらいして青空学校が始まりましたが、ちゃんとした勉強はできませんでした。親戚を頼って地元に帰りましたが、父方の叔母に引き取られ、いろいろあり学校には行きませんでした。中部にある軍のレストランで働くようになり、それ以後は自分の力で生きてきました。ただ、勉強していないということは生活上、仕事上困ることがたくさんありますが、それ以上に人前では控え目になりますし、ひがみが出ます。

夜間中学は楽しいです。好きな教科は英語です。シンガポール生まれということと、青空教室の時に地面に竹で自分の名前をアルファベットで書いてもらったことが忘れられないからでしょうか、親近感があるのです。

（注）防衛隊：予備役の在郷軍人らを集めて作った組織。沖縄ではほじめ飛行場建設や陣地造りなどに当てられていたが、一九四五年に入ると兵力不足を補う目的で集められ、戦場に駆り出された。

※ソテツばかりを食べ、中毒で体がむくんでいた

◆T・Hさん〔女性　一九三八年生まれ〕

娘から「お母さん夜間中学があるよ、行ったら」と言われていました。「この年になって」と言うと娘が、「目が悪いからねぇ、無理しないでもいいよ」と言うのです。

ある日、夫とテレビを見ていました。テレビはおもしろくないし、外を見ると雨がしょぼしょぼ降っています。「あーこんなして自分の人生が終わっていくのかなぁ」と思っていると一本の電話がありました。昔の同僚からです。この人は積極的な人で通信高校を卒業しています。彼女からも「家族の面倒を見るのもいいけど、もっと自分のために時間を使い、輝きなさいよ」と言われていたのです。その彼女が、「夜間中学に電話をしたら、今年は定員に達しているので来年の予約を受け付けているそうよ。予約申し込みをしたら」と言います。そうかと思って電話をしたら、運よく一人が辞めて空きがあったので入学しました。

小学校は卒業していますが、ほとんど通っていません。五歳のときに戦争がありました。父は区長だったので、私と兄嫁が近所の人たちとやんばるに疎開しました。山の中には食べる物がなく、ソテツばかり食べました。一緒に行ったオジィやオバァが、「この子は故郷に無事戻ることが出来るかねぇ」と心配するほど、ソテツの中毒で体がむくんでいました。足などは押すと元に戻らないのです。

終戦になって両親が迎えに来たときは涙が止まりませんでした。子どもごころにも、生き延びられないの

ではと不安でしたから。九人兄弟の末っ子です。三人の兄は戦死、姉たちは結婚し、私が年老いた両親の元に残ったのです。

百姓をしながら母が豆腐を作り、私が売り歩きます。豆腐一〇丁（木箱で二丁が一キロぐらい）をまな板のような板に乗せて、頭でかつぎます。小学生としては精いっぱいの量です。このままバスにも乗ります。ある日バスを降りて歩こうとしたら発車したバスと接触して豆腐をひっくり返し、売り物にならなかった時がありました。その場に居合わせた人が、「ネーネー（姉さん）、今日は自分が買おうね」と全部買ってくれました。もちろん半額ですが、本当にありがたかったです。

縁あって結婚し、三人の子どもを授かりました。ただ生活は大変で、住んでいる家は雨漏りがひどく、台風が来るとぐらぐらと揺れます。何とかしようと軍に勤めました。米軍の将校や民政府の役人だけが出入りできるクラブハウスで、ウェイトレスです。メニューはすべて英語です。最初はメニューの番号と手まねで対応していましたがそうもいかず、ヘッドウェイターにメニューを一冊借りて、必死で覚えました。

少し落ち着いたかなと思ったころ、夫が四五歳で両耳が聞こえなくなり、仕事を解雇されました。米軍の飛行機の離発着の仕事です。医者に診せると脳の神経がやられているというのです。賠償金といったことを云々する時代でもなく、結果泣き寝入りということになりました。今もそのままです。

それからは朝は新聞配達、昼はホテルのベッドメーキング、午後から夜はお土産物屋と、三つ掛け持ちで働いてきました。三七歳の時、トイレ掃除の洗剤を誤って目にかけてしまい、両目の視力は〇・〇三ぐらいです。子育てをしながらでしたが、いつも前進、前進と心の中でつぶやいて苦労を他人に見せたらいかんと思ってやってきました。

だからでしょうか、夜間中学の音楽の屋良先生のような明るい姿、形が好きです。苦労は仕舞ってふくふく見えるのがいいですよね。六五歳で職場の健康診断で不整脈と診断されて手術をし、ペースメーカーを入れています。ですからビルの入り口から教室までが、とても遠く感じます。下から見上げて、息を整えて四七段の階段を昇るんです。学校はほっとします。自分のための時間ですから。

クラスには先輩もいて、勉強する姿を見ると励まされ、自分も頑張ろうという気になります。先生方も漢字にふりがなを付けて板書するなど助けてくれます。三年間通って、漢字がすらすらと読み書きできるようになったら、次の自分の先を考えます。

※みんな人間じゃなくなる。人は自分だけは生きようとする

◆T・Eさん〔男性　一九三五年生まれ〕

珊瑚舎の隣に給油所があるさぁね。あそこは先代の時から使っているので、「あっちは何するところかね」と聞いたら、「いろいろしているみたいだよ、歌も唄っているよ」と言うので興味をもったんです。出来るものは何でもやってみようと思っていましたから。下の看板を見て電話をしたら、来春しか入学できないと言われ、この四月から通うことになりました。

学校は小学校四年生の途中までです。父は軍属(軍人でなくて、軍に所属していた)で、満州で亡くなりました。母は私を連れて再婚しました。その義父も沖縄戦で亡くなりました。父というものに縁がないんですね。再

婚して二人の妹がいましたが、戦争が激しくなり、母は上の妹を他の所に預けることにし、その帰りに艦砲射撃の弾を胸に受けて亡くなりました。私は仲間とヤギの草刈りにでかけている時、耳が壊れるほどの射撃音がしました。母の死を知ったのは1週間ぐらいたった後でした。残されたのは生後三カ月の妹と私だけです。

艦砲が激しくなり部落の人たちと壕に隠れるようになりました。人がひしめきあっている中で妹には乳もありません。赤ん坊は泣くので米軍に見つかる、首を絞めて殺せという声が出ます。手をかけるなど出来るはずもありません。妹を抱いて壕を出たものの行き場がありません。墓を見つけて身を隠しました。墓場の前にある茶碗にたまっている水を、手ぬぐいの端に湿らせて妹の口を濡らしてやりました。夜、芋を探して柔らかくし、その煮汁を飲ませましたが、下痢がひどく日に日に妹が小さくなっていきます。切なくて切なくて、あの世があるならあの世に連れていってほしいと何度も祈りました。

墓の中に二人きりです。せめて幽霊でも来てくれたらと思いました。あの世もなければ、幽霊もいないんです。一カ月ぐらいして見る影もなく小さくなって、妹は亡くなりました。

みんな人間じゃなくなる。人は自分だけは生きようとする。自分のためには他人の子どもを差し出すんです。人の醜さもよく見えるし、情けもよく分かる。今になってもダレに何を言われたか、全部覚えています。ある女の人に、あんたの母さんに世話になった、出るものならおっぱいをあげたいけど、子どもを産んでいないのでおっぱいでないさ～と言われました。恩は口に出さず一生かけて返すものでしょう。

捕虜になった後は、縁者のもとでウシ、ヤギを飼う仕事をしました。一生労働力としてこき使うつもりです。いつかは自分で生きていこうと思っていました。学校に通っていた同級生が、「この字読めるかー」とからかってきます。古い辞書が家にあって、それが私の先生になりました。青年会に誘われて行ってみると、いきなり書記です。一二〇名ぐらいいるみんなの名前を辞書で調べて勉強しました。

昭和五〇年ごろ、自分の小学校の脇にある中学校の校長に会い「卒業証書をくれ」と言ったら、「入学していないからない」というのです。だから言ってやりました。「ないから貰いにきた、あったら貰いにこない。証書をくれたらいろんな試験が受けられる、それで私の一生が左右されるんだ。ぜひ出してくれ」と。校長はすごい人が来たと驚いたようでしたが、卒業証書を出してくれました。

それから土木、建築の資格をいっぱい取りましたよ。那覇に出て、一〇年はかかるといわれた棟梁の仕事を三年でできるようになりました。ある時、鶯張りの廊下の仕組みを知ろうと、京都の知恩院を訪ね、柱の作り方を見るために廊下の下にもぐって調べていたら、爆弾を仕掛けようとしたと疑いをかけられ、交番で三時間も尋問をされました。その後、二条城にも行きました。ここでも疑われたので、知恩院に問い合わせてくれと頼んだら、ここは半分の一時間半の尋問で終わりました。我ながら笑ってしまいました。考える、研究するのが好きなんです。

夜間中学は楽しいねー。同級生はみんな頑張ってやっている、その学ぼうとする姿、雰囲気が上等だね。先生も真剣に教えてくれる。ただ、先生に頼っているといずれ分からなくなる。自分でやらないと、学校に通ったというだけになってしまうから注意しないと。

「あいうえお」もバカにできない。書けるからいいんだではない、自分の癖字を直していい字にすることが大切だから、家では仮名を練習しています。英語はかつて米兵と「マイ　オンリー」などと歌っていたので、多少できると思っていたら全く忘れていた。それこそA、B、Cからだね。

※妹は米兵に連れられて行ってそれっきりでした

◆G・Kさん〔女性　一九三二年生まれ〕

友だちから「夜間中学があるってよ」と聞いてはいましたが、探しきれなかったのです。卒業式のことが新聞に大きく載りました。それを切り抜いて探しました。たくさんの人が集まり、いろんなことを知っている銀行に行って聞いたのですが分かりません。赤十字の看護婦さんが那覇署の近くらしいと教えてくれて、その近くで弁護士事務所を開いていた人に聞いたら分かったんです。歩いて一〇分程度の近くにあったなんて。「あと二人しか空きがありませんよ」という時に申し込んだんです。やっと学校に行けると一安心しました。

父は兵隊にとられ、早くに戦死しました。小学校三年の秋に大規模な空襲があり、南風原に移りました。年老いた祖父母、母と兄弟三人と長女の私、下の妹は二歳でした。この家族では北部のやんばるに疎開することもできず、結果最悪の戦場になった南部に移ったのです。激しい戦闘と一緒に南へ、南へと逃げ回りました。

途中、祖父ははぐれて行方不明になり、母は流れ弾で足の骨が見える怪我をし、歩くのが困難でした。私が下の妹を背負いながら進みます。水は井戸にカンカラを垂らして汲み、食糧は他人の畑に残っている芋をあさったり、ソテツの実を食べたり、最後のほうには木の葉っぱまで食べました。

よその大人にくっついて芋探しに行くのですが、子どもは足手まといになるからでしょう、嫌がられました。食べ物を持っている兵隊も、くれるはずもありません。あの人たちも国を守ろうとして来て、想像もしない苦労をしたと思いますよ。

知念《ちねん》で捕虜になりました。二歳の妹は栄養失調で木の枝のような手足になり、米兵に連れられて行き、それっきり会うことができませんでした。ずいぶん探したのですが見つけ切れません。

その後、与那原《よなばる》に住むようになりました。夜は一家の食べ物を探し、海水を煮詰めて塩を作り、半日歩いて薪を拾う毎日で、学校のことを気にしている暇なんてなかったです。

世の中が落ち着いてきて、もともとあった地所がはっきりしたので、弟と一緒に自分たちで畑を作り始めました。大きい芋は売り、小さい芋は自分たち用です。那覇まで売りに行くのですが、安くても途中で買ってくれる人がいると、儲けがなくてもうれしかったです。

一四歳ころに一度、菓子屋に奉公に出ました。お金は入るのですが家のことが出来ず、みんなの暮らしが成り立たず、一カ月で辞めました。それからは畑仕事中心です。

二一歳ころ、母の知り合いから結婚を申し込まれました。その人は大学まで出ているので無理だと断りましたが、その人とお母さんから「学校は学校、人は人。あんたを見て結婚するんだから」と言われ、納得しました。六人の子どもはみんな大学まで出しました。

子どもが自立してここ一〇年ぐらい、今からでも勉強をしたいと強く思うようになりました。

やっとその場を見つけました。夫は「一〇〇歳になっても、あっちに行くまでは勉強したらいいさぁ」と応援してくれます。

五十音をきれいに書くのが夢です。とっても楽しいし、おもしろい。何でも初めてで新鮮です。本を開くのも、エンピツを削るのも楽しい。先生から目が離せないんです。家計を切り盛りしているんですから計算はできますが、それを式にしていく、式の書き方すら楽しい。

昨晩も帳面を広げました。そして体育で習った空手の型を夫に見せました。学校で習ったことは、家に帰っていろいろ話すんですよ。それがまた楽しい。

※手を合わせて子どもを頼むと目で訴えた兄嫁

◆U・Eさん〔女性　一九二七年生まれ〕

自分のような者でも勉強ができる所があったらいいねーと、一四、五年前から思っていました。内地にはそういう所がたくさんあるのにと、ジーグイ（グチをこぼす）していました。四女が、「かあさんあるよー」と教えてくれましたが去年はいっぱいで入れませんでした。今年は中一の孫が、「去年の夜間中学の新聞の切り抜きをとってあるねー、なくしたら探すのに大変よー」と言ってくれ、一月早々に申し込みをしました。

小学校は入学どころか、校門をくぐったこともありません。母は病気で、私が一歳の時に亡くなりました。その後、姉と兄が相次いで亡くなっています。それからは父が四苦八苦して、残った私たちきょうだい三人を育ててくれたのです。二、三歳からは着物の中に私を入れて、畑仕事をしたそうです。体に良いからと毎日アタビ（かえる）を煎じて飲ませてくれました。

戦前は食べ物はいろいろありました。父はハガナー（器用）な人で葉野菜、芋、田芋、サトウキビと何でも作りました。ウシ、ウマ、ヤギ、ブタも飼っていました。ブタは塩漬けにして一年目、二年目と大きな甕にしまっておきます。お金がないだけです。私が得意なのは黒砂糖作りでした。登り窯のような長い釜場があり、大きな鍋をいくつもかけて、次々に煮詰めていきます。美味しいですよ。

一二歳の時に、前々から思っていたことを父にぶつけました。「なぜ学校に行かせないのか、他の家には役場から学校に入る通知が来ているのに、ウチには一度も来ないのはなぜか」と。父は泣いて何も語りませんでした。後で分かったのですが、貧乏と忙しさで戸籍に入れていなかったそうです。娘に言われて慌てて入れたようですが、罰金のお金を取られたはずです。

一二歳で那覇に奉公に出ました。本当に一生懸命に働きました。給金は袋ごと父に渡していたので、奥さんが可哀想にと、五〇銭の小遣いをくれたこともあります。着るものがなかったので、帯をほどいて洋服を作ってくれたり、時に旦那さんから波の上神宮近くで、ステーキをご馳走してもらいました。金持ちのお宅で、旦那さんが銀行にお金を預ける時はカシガー（米袋）に入れて担いでいきます。私は後から見張り役で付いていきますが、ドキドキしましたよ。五年間この家で奉公しました。

一七歳の一〇月に那覇は大きな空襲があって、父の元に帰りました。そのころは兄が出兵していたので父、兄嫁、甥、姪の四人が暮らしていました。

戦争がひどくなり屋敷と畑を取り上げられました。それからは一家でさまよい歩きました。全てが混乱していて、「こっちに行け」と言われて行くと、「あっちへ逃げろ」と言われ、どこへ行ったらいいのか分からない人々が大勢うごめいていました。雨の多い年でしたが、着の身着のままです。サトウキビを齧ってしのぎました。

父は六月一九日に米兵に鉄砲でやられました。米軍の囲いの中に入っているようなもので、身動きできませんでした。

その三日前、あるガマ（壕）に潜んでいた時です。ガマのこっち側と向こう側に分かれて座っていると、兄嫁のいた側に手榴弾が投げ込まれました。たまたま甥と姪は私の腕の中に座っており、自分の体をおおいかぶせて無傷でした。一瞬の出来事です。兄嫁はもう口をきくことができませんでしたが、私に向かって手を合わせて子どもを頼むと目で訴えています。手を振って逃げろと言うのです。立ち去るしかありません。入るガマもなく道端の陰に隠れるしかありませんでした。この一〇日間ぐらいは水しか口にしていません。

六月二三日は沖縄戦の慰霊の日ですが、私は二〇日に南部の摩文仁で捕虜になりました。疲れきって何も考えられません。よく生きたねーと思います。しばらくして、父と兄嫁の遺骨を拾いに行きました。覚えていたはずなのに、探しきれません。東西南北に拝みしてようやく見つけました。どうやって運んだらいいのか分からず、とっさに自分が着ていた服を脱ぎ、頭だけは包んで持ち帰りました。

でも、そのころ身を寄せていた姉が他人の骨だったらどうするのかと言うので、CP（巡査）を連れて行って確かめ、すべての遺骨を収集しました。父と兄嫁が私を見守ってくれているはずです。だからこんなに健康で子ども八人も産めたのです。

戦争は人を狂わせます。女一人と小さな子どもだけで暮らしていると、内地の敗残兵や防衛隊が家の周りをうろつき、怖くて夜は押し入れに入っていました。そんな時、子どもも含めて面倒をみてくれる人が現れて、一緒になりました。子どもたちは兄が復員するまでちゃんと育てました。

那覇に出てからは本当によく働きました。夫は体が弱かったのでウチにいてもらい、もっぱら私が商売しました。アイスケーキやタンナファクルー（沖縄の伝統菓子）を国際通りで売ったり、果物屋、刺身屋、テンプラ屋なんでも商いました。だから暗算だけはできるのです。ムル（すべて）難儀な仕事でもいいものを売り自分も儲かり、相手も幸せになることを心がけてきました。自分は勉強をしたことがないから、子どもにはぜひ学校へ行ってほしかったので、仕事を手伝わせたことはありません。みんなお利口に育ちましたよ。

八〇歳近くになって、今さら学校に行ってどうするかって？　少しでも何でも分かってみたいのです。耳以外はまだ丈夫なので、努力すれば何とかついていけるかなぁと思い、夜間中学に入る前に平仮名だけは習ってきました。実際に通ってみると難しいことばかりですが、みんなが帳面を買ってきてくれたり、ゆっくり教えてくれるので感謝しています。時間になるとソワソワしてお風呂に入って登校します。

※朝起きてびっくり、死んだ人の上に寝ているんです

◆G・Hさん〔女性　一九三三年生まれ〕

息子の友人が、こんな学校があるからと紹介してくれたそうです。夫が亡くなり一人暮らしをしていた私を心配した息子が、通ってみたらと勧めてくれたんです。私も前に進もうと思って来ました。

戦争が始まったのは真和志小学校の五年生、一二歳のときです。父は兵隊に取られていて、祖父、母、兄弟五人の家族でした。屋敷の中に壕を掘ってしのいでいましたが、食べるものも着る服もない状態です。住んでいた国場《こくば》は一夜にして焼野原になり、南部に避難することになったその日、祖父が眠るように亡く

なりました。兄が自宅の門の前で爆弾の破片で太ももを貫通する怪我をして、歩くことが出来なくなったんです。三七歳の母がその兄を背負い、私は三歳の弟を背負って逃げました。

移動は夜ですから周りが見えず、弟を背負ったまま艦砲射撃であいた穴に落ちて、「アンマー（かあさん）よ、アンマーよ」と叫びながら自力でよじ登ったのを覚えています。必至でしたよ。マブイ（魂）を落としたかと思うほどでした。

途中で親戚と出会うことができました。これも今思うと奇跡的です。合流して大人四人（そのうちの一人は老人）、子ども九人、合計一三人の移動です。

母の背中におぶさった兄が弾の流れを見ながら、逃げる方向を示します。機銃掃射も激しく、もう疲れて前に進むことができず、川の側の壕で泊まった時でした。そこは谷底になっていて、移動する米兵たちの姿がよく見えます。恐ろしいと思いながら、松の木で一匹のセミがジージーグワァジージーグワァと鳴いていたのを、なぜかはっきりと覚えています。まだセミの鳴くころではなかったからかもしれません。

雨の多い年でした。川は水嵩《みずかさ》が増えてその流れに足をとられて身動きできず、ここで死ぬのではないかと思ったと、母は後年語っていました。そこからさらに長い上り坂が続き、くぼ地を探して寝たのですが、朝起きてびっくりです。死んだ人の上に寝ているんですよ。大勢の人が折り重なって倒れていて、生きていると思ったら座ったままの姿で死んでいる人もいます。

また豊見城《とみぐすく》から糸満に向かう途中でしたが、突然雨のように爆弾の破片が飛んできて、前を歩いていた私に母が大きな声で名前を呼びかけたんです。驚いて母のもとへ戻ったら、その瞬間、私がいた場所に大きな破片が落ちました。私と弟は、母の一声で命を助けられました。

苦労して、糸満小学校まで辿りついて、近くの大きな空き家に世話になりました。大勢の人が避難していましたが、爆弾が投下され、ほとんど死にました。たまたま右に座ったか、左だったかの違いで生死が決まるのです。あわてて糸満の白銀堂の上の壕に隠れました。

ここからは海が見え、米軍の艦船で埋めつくされているのがはっきりと見えました。親からはぐれた子どもを米兵が射殺するのも見ました。しばらくして米兵が私たちの壕の前に来て、「出てこい」と何度も言うので、みんな両手をあげて出ました。母は子どもを殺すなら自分も一緒に殺してほしいとジェスチャーで訴えると、その兵隊はポケットから自分の家族の写真を取り出して私たちに見せて、やはりジェスチャーで捕虜収容所に行くように地図をくれました。

しばらく行って脇道に逃げました。一カ所に集められて皆殺しにされるのではと思ったのです。森のふもとにある壕に隠れました。立派な壕で入り口に水が入っていましたが、奥は乾いて畳が敷かれています。反対側に友軍（日本兵）が隠れていましたが、米軍の手りゅう弾が投げ込まれ全滅です。その衝撃で壕が崩れかかり、私たちは口に泥を塗り、這うようにして抜け出しました。その上空には米軍のヘリコプターが旋回していました。

捕虜になって北中城《きたなかぐすく》に移されました。赤瓦の立派な家々があり、最初から収容所にするつもりで空爆しなかったのではと思うような所です。水は給水車で配られ、食べ物も豊富でした。餓死寸前の状態から急に腹いっぱい食べた弟は、体調を崩したほどです。そこから金武の山奥に移動です。捕虜になってハワイにいた父が、私たちを探して来てくれ、叔父さんも来てカンカラ三線（空き缶で作った三線）を弾いたりとにぎやかでした。ＡＢＣの歌を習ったりしました。

しかしここは、マラリアが多く私も罹《かか》りましたが、せっかく生き延びた祖母は、マラリアで死にました。日中は米兵が女の人を強姦したり、夜は山奥から日本兵が食べ物を求めて配給の缶詰を奪いにくるなど、日夜おびえて暮らす日々でした。その後、南部の糸洲に移されたりして、生まれ故郷の国場に戻ったのはだいぶ後のことです。

小学校に戻ったもの、紙や鉛筆もなく、まして教科書もなく、毎日掃除やら材木運びでした。中学校も少し行ったのですが勉強は全くしていません。一四歳ぐらいからは畑一筋で、八一歳になった今も毎日畑仕事をして、市場にカズラ（芋の葉っぱ）を出しています。以前は豊見城の畑の前の川に橋もなく、小舟を漕いで野菜を運び、嘉手納や読谷まで売りに行っていたんですよ。二四歳で結婚し、子どもが四人います。無学ですが、夫、子ども、兄弟の愛情に恵まれました。そして何より、母が一〇五歳で生きているのがありがたいです。

夜間中学は楽しい、ほんと楽しい。みんなやさしく教えてくれて上等ですよ。大学生や修学旅行でくる若い子たちも親切に面倒を見てくれます。ただ、さっぱり覚えられないので申しわけなく感じます。

※当時は沖縄出身者は山から下りてきたサル扱いです

◆T・Rさん〔女性　一九三六年生まれ〕

新聞記事で夜間中学があると知っていました。三年前ぐらいから仕事にケリをつけて、今やらなきゃと探していたんです。仕事の都合で今年の入学になりました。

小学二年生のころから戦闘が激しくなりました。学校は軍に接収されて、〝木の下勉強〟でした。勉強らしいことはなく、軍歌をとにかくたくさん歌わされました。

私の住んでいた町には、二つの部落が入れるような大きな自然壕があったのですが、首里から兵隊が降りてきて追い出されてしまいました。壕は軍隊の病院になったのです。

兄三人は兵隊にとられ、父も軍属でしたが、家族のことを心配して様子を見に来て、爆撃で亡くなりました。父がいた時はかろうじて一日一食あった食べ物もなくなり、その辺の生芋やサトウキビをかじるしかない状態でした。食べ物を探そうにも雨のように弾が降ってきます。恐怖でオシッコも垂れ流しです。

軍隊に追い出されてからは、母や姉と南部方面に逃げました。死んだ兵隊の鉄カブトに雨が溜まってウジがわき、それを掻き分けて水を飲むんです。

その後、捕虜になって北部の辺野古に収容されました。周りの人々がマラリアでばたばた死んでいきます。母もマラリアにかかってしまいました。このままでは一家が全滅するのではと思い、知り合いを頼って石川に行くことになります。

ただ、当時は捕虜ですから勝手に移動することは出来ません。そこで軍や交番の目を盗み、ほとんど道のない山の中か、引き潮を待って海岸線を歩きます。途中マラリアの発作を起こした母を、一時的に山の中の家に預けて進みました。戦争のことはあまり思い出したくありません。

戦後、学校は再開しましたが、勉強らしいことはなかなか始まりません。不発弾を恐れて先生が砂浜に字を書いてくれて、それを波が消し去っていったのを覚えています。家の仕事もあり、学校を出たり入ったりの状態でした。

病弱な母が豆腐を作り、私が売り歩くのですが、同級生に姿を見られるのが辛く隠れたりしました。中学一年の時に台風で家を吹き飛ばされ、家を何とかするため、借金のかたに私が奉公に出ました。しばらく辛抱しましたが、当時の沖縄では女が働けるところは軍作業ぐらいしかありません。でも田舎では、女の子が軍で働くことはいい顔をされません。

一九歳の時に、手に技術をつけようとパスポートを取り、東京に出ました。美容師をめざしたのですが義務教育卒業の証明がなくて、あきらめざるをえませんでした。そこで寮のある会社に勤めて、学校に行かせてもらうようにしたのですが、倒産し本当にがっかりしました。でも、いろんな経験をして強くなったと思います。

当時は沖縄出身者は山から下りてきたサル扱いです。とくに言葉のことでは苦労しました。言葉自体が違うし、言葉を話せるようになってもイントネーションが違うので、マネされていじめられました。時には仕返しもしました。いじめる人には「ヤナカーギー、ヤナニーセーター（不細工、嫌な兄さんたち）」と、笑いながら言ってやるんです。相手は褒められていると思って得意気です。

一方、遠くからきて苦労しているんだねぇと、友だちの両親はとてもよくしてくれました。盲腸になった時などは、寮では大変だろうと自宅に引き取って面倒をみてくれました。周りの人間に恵まれていたと思います。人には光と影がありますが、影を見てはいけないと思っています。沖縄は島は小さいが視野は広いのではないでしょうか。

四〇年ほど前に沖縄に帰ってきました。さまざまな仕事をしました。働くために履歴書にウソを書いたこともあります。そうしないと仕事を探せません。字を小学生から習ったこともあるんですよ。新聞を読み、分からない言葉は切り抜きをして誰かに教わるなど、努力してきました。

今回、夜間中学で漢字の書き順を教わり、美しい字が書けるようになったことがうれしいです。自信がないと、ハネなどつい誤魔化して書いていましたから。算数は正解したときの快感がいいですね。英語は読み方など習ったその日は分かるのに、次の日は忘れてしまうという悔しさがあります。

今日、母親代わりになっている甥の嫁が出産で入院したので、お見舞いに行ってきました。夜間中学に通っていることを打ち明けたら信じられないようでした。「英語を教えてね」と頼むと、励ましてくれました。「パンパースをつけるようになっても通うよ」と言ったら、看護師さんも笑っていました。

もったいないから休まないで通います。新聞の三面記事は分かりますが、社会面や政治欄をきちんと解釈できるようになりたいのです。

※こっちは丸裸、相手は武器を持っている、それが戦争です

◆O・Hさん〔女性　一九三一年生まれ〕

珊瑚舎の夜間中学の開校を伝える新聞を読みました。「これだ」と思って飛びつきました。今までどうにかしたくても、中学も出ていませんからねぇ。〝くもん〟にでも行こうかと思ったりもしていました。

一〇人兄弟の長女として生まれました。小学三年までは子守りをしながらも通っていましたが、四年生ころになると働き手ですからね。朝早く、キビガラを燃やしてその日の芋を煮ます。一日一食が基本です。大きな芋は食べても美味しくないので、〝うむくぢ〟（デンプン）にします。豚、馬の世話、田んぼ、畑と仕事

がつきることがありません。学校帰りはにんじんを引き抜いたり、芋は芽が出るとさらさらして生でも食べやすいので、何でも口にしました。豚のエサまで食べて母に喰わすもんがないと怒られ、豚の方が大事なのかと、悪態をついたりもしました。母のやりくりは大変だったはずです。あのころの母の姿を見て、今の私があると思います。

一六、七歳からは、市場に野菜を売りに行きました。野菜を洗って水が滴るままのバーキー（平たいザル）を頭に乗せて、一時間半はかかるでしょうか。重くて首を立てていられなくなると道々の石垣に、ザルごと頭を乗せて休みます。裸足です。売れると親の喜ぶ顔が浮かんで、うれしかったですねぇ。

戦争が激しくなると近所は疎開しましたが、祖父が歩けず乳飲み子がいたので、兵隊に行く前に父が作った防空壕にいました。朝八時に飛行機が襲来し、夕方五時にピタリと止みます。戦争ってそんなものかと思いました。

母は赤ん坊がいて動けないので、暗くなるのを待って私一人で畑のあぜ道をはって芋、かずら、野菜くずを集めに出ます。動きが分かれば、照明弾がピーと上がります。友軍（日本軍）の兵隊に、敵軍が上陸するから逃げるように命ぜられました。

祖父を残し、とにかく高台に逃げようとはいずり回りました。大きな家に宿を頼みましたが、赤ん坊が泣いたら終わりだと断られ、墓の骨甕を取り出し一夜を明かしました。どうせ死ぬならと父の防空壕に戻ると、祖父は無事でしたが、残していったわずかばかりの塩などが持ち去られています。しかも周りには、友軍により地雷が埋めてあり、どこにも出られません。

一週間後、与根の海岸から戦車が何台も横並びになって、火を噴きながら上陸してきました。米兵に「出てこい」と言われ、これまでと思い、顔に鍋のススを塗って出ました。頭をなでられ菓子を貰いましたが、毒が入っていると聞かされていたので食べませんでした。乱暴もされません。

捕虜になり具志川に運ばれました。殺されると思っていたので、収容所で握り飯が出た時、初めて生きているんだと実感しました。やんばるに移されたり大変でしたが、乾パンや缶詰が配給されました。

しかし、生き残っていた友軍に日本はまだ負けていないと食糧を取り上げられ、その兵士の姿を見て戦争に負けて良かったんだと思いました。

イラク戦争で人質になった人を見ると、戦争反対の気持ちは同じですが戦争を分かっていないとも感じます。こっちは丸裸、相手は人を殺す武器を持っている、それが戦争です。

戦後しばらくして、小学校の卒業証書をもらいましたが、それには実質がありません。学校はそれで終わりです。若者がいないからと月二〇ドルで幼稚園の先生もしました。その後、軍の仕事につきましたが、びっくりする給料でした。

結婚してからは四人の子育てをしながら商売をやってきました。仕事がら外に出ることも多いのですが、どこか自信がなく、つい隅っこに行ってしまいます。外国人はイエス、ノーがはっきりしているので楽ですが、日本人との会話は自分がうまく会話できないヒガミがあるせいか、引いてしまいます。特に書くことに立ちすくんでしまうのです。

一週間は家族にも内緒でしたが、四時になるとそわそわするので、「何で毎晩出かけるの?」ということになり、打ち明けました。夫も含めて応援してくれます。そりゃ楽しいです。算数はやれば出来るんだと自信になります。英語は聞くことは出来るので、スペルをゆっくりと教えてほしいです。

※生きのびた私は〝カンポーヌクェーヌクサー〟です

◆K・Sさん〔女性　一九三四年生まれ〕

テレビで知りました。連絡先をテレビ局に問い合わせました。早速連絡すると「編入も出来ますよ」と言われましたが、体調に不安があったので、この春まで待ちました。

戦争の時、私は小学三年生でした。家の近くには大きなガマ（壕・自然洞窟）があり、どんなバクダンが落ちても大丈夫だと思っていました。一〇月一〇日の空襲のあと那覇からの避難民も増えました。新聞には毎日、友軍はものすごく強く、敵機を何十機も落とし、軍艦を何百も撃沈したと載っているそうです。でもカンポー（艦砲射撃）やバクダンは日に日に激しくなり、ガマから出られる時間が少なくなりました。

母は「もうここはだめだ」と南部へ逃げることにしました。父は防衛隊でいません。島尻（本島南部、住民が追いつめられた激戦地）に行く道々に死人の数が増えてきました。五歳の妹が歩けなくなったので荷物を半分捨て、妹を背負うことにしました。道ばたで死んでいる兵隊のゲートル（軍靴の上から布を巻き付けたもの）をはずして繋《つな》いで帯を作りましたが、はずすのが大変でした。私が片足を持ち上げて、母がはずしましたが、片足が重くて靴のかかとを持ち上げたとたんにポロッと腐った足がぬけ、ウジが顔まで飛んで来きました。

泥水を飲み、あらゆる草を食べました。井戸に向かって歩いていた時、低空の飛行機からの射撃で、人がパタパタと倒れ井戸の中にも落ちます。でも皆、水を汲むのに必死で、倒れた人を押しのけて血の滲んでいない処から、水を汲んで逃げます。死人の山、水、水と言いながらもがいている人、ただ、呆然と傷口のウジを木の小枝で取っている人。死んだ母親の背におぶさりながら子どもが泣いています。私の友だちは臀部《でんぶ》をもぎ取られて置き去りにされ、畑の中ではいつくばりながら私の名を呼び、水をせがんでいます。でも私の持っている水は、妹のために取っておかなくてはならないのです。

その後、摩文仁《まぶに》で怪我をした父に会いました。皆行き先は糸満《いとまん》。誰かが浜伝いに「国頭《くにがみ》突破」（南下してくる米軍をかいくぐって北部の国頭方面に逃げる）をしようと言いだし、夜を待って喜屋武《きゃん》浜に下りました。海で死んでいる人はきれいで、色が白く太っていました。

女一人で子どもを三、四人連れているお母さんは、下の小さい子を残して行くのです。二日前に生まれた赤ちゃんと二歳の子を置いて浜に下りようとした時、二歳の子が「アンマー　アンマー」（お母さん、お母さん）と泣きながら、ついて来ます。そのお母さんは「あんたはボーボー（名前のない赤ちゃん）と一緒にいて」と言い、ちょっと押し返そうとしたら崖からころげ落ちていきました。

翌朝、戦争は終ったとのビラがまかれました。信用しないままに行き、捕虜になりました。シラミ対策のDDTで真っ白になり、傷の手当てを受けて生きのびた私は、〝カンポーヌクェーヌクサー〟（艦砲射撃の生き残り）です。

戦後はマラリアの熱と闘うことと、遺骨収集から始まりました。同じ町内の人は摩文仁の一カ所に集められました。学校のテントを張ろうとするのですが、遺骨がバラバラとあります。大人たちの姿を見て、子どもたちもテントをモッコにして自然と集めるのです。そこは今「魂魄《こんぱく》の塔」**（注）**が立っています。しばらくして元の町に帰りました。

戦争で父が怪我をし、それを補おうとして母が病気になり、学校どころではありません。父は母と妹のために畑一〇〇坪と乳ヤギ一頭とを交換して、その日その日の生活で精いっぱいでした。

私は菓子屋に子守り奉公にでました。子守りだったのですが、朝三時に起きて、その日の菓子作りに使う水をつるべ井戸から汲み上げ、職人の朝ごはんを作ります。配達をして残った菓子は、町で立ち売りをします。でも苦労だとか自分を哀れむ気持ちはまったくありません。給金で一家が食べていけるのです。

年季が明けてからは自分で商売をしました。行商です。ガム、素麺、コンブ、するめ、こんにゃくなど何でも売りました。郊外で売り、帰りはそこから大豆を買い、街の豆腐屋に売るのです。やっと人並みの生活が出来るようになったら母が亡くなりました。その後結婚をして、四人の子どもを育てました。

勉強ができなかったことはいろいろな場面で苦労です。以前は役所には代書屋がいたのですがいなくなり、自分で記入するのですが、係りの方から「あなたの名前の漢字はこれでいいのですね」と言われドギマギします。カタカナでしか書けないので、自分の名前の漢字すら分からないのです。また着付けの教師になっても実技はいいのですが、教室の生徒の名前が書けないのです。ボランティアをしたいと望んでも、アンケートの記入が出来ません。


夜間中学に入ろうと思ったのは勉強をしたいのと同時に、同級生と呼べる友人が欲しいからです。そして生涯に一度、卒業証書を欲しいのです。授与される場面に立ちたいのです。夫に話したら「お金と同じで、あの世に習ったものを持っていくことはできないよー」と言うので、「極楽に入る時に試験があるかもよー」と言って大笑いをしました。

学ぶことは何もかも初めてで、とても楽しいです。これまではエンピツはドラムカンより重いと思っていましたが、今は軽くなりました。

（注）**魂魄の塔**：本島南部の米須にある納骨堂兼慰霊碑。戦後、住民により南部一帯の遺骨が集められてつくられた。戦後最も早く作られた慰霊の塔であり、軍人・民間人、国籍を問わず約三万五千人が葬られた。

※生まれた日がわからず六月二三日を誕生日とされました

◆H・Yさん〔女性　一九三七年生まれ〕

壕というより、岩かげにゴザを掛けて潜んでいたら米兵に見つかり、いきなり殴られたようなショックを受けました。母と私、妹、いとこの四人です。

いとこはここで死にました。母はタンカに乗せられて運ばれたのですが、目を開いていたので生きていると思っていました。母とはそれっきりです。

妹は足に怪我をしており歩けませんでした。米兵に抱かれトラックに乗せられ、着いたのは宜野座《ぎのざ》の孤児院でした。妹は怪我の他にひどい下痢をしていて、私が学校に行っている間に病院に移されていました。今思うとあの下痢は、沖縄でいうスブイワタ（赤痢）だったと思います。しばらくして伯母が病院に行ったら、妹はもう居なかったそうです。

妹とともそれっきりです。いまだに、ひょっとしたら妹がどこかで生きているのではと考えることがあります。

私は広島や長崎に行っても原爆資料館に入りません。入らなくても想像できますし、苦しくなるだけです。

大きくなって運転免許をとったのも、母の遺骨を探すためでした。でもあのころとは地形が変わって、いまだ探せません。

孤児院から母方の祖母に預けられました。小学校二年になりましたが、学校は勉強どころではありません。ほとんどは校舎作りです。地面の上に草をかけただけの校舎とも呼べないようなものでしたが、連日草刈りでした。台風ですぐ飛ばされるので、その修理も大変です。薪拾いも日課でした。栄町のチリ捨て場を探し回ったものです。

教科書もなく、黒板を写すだけでした。九九を習ったことだけは覚えています。

イラクはテレビで見る限り屋根がありますが、アフガニスタンの様子は沖縄のあの時代にそっくりです。

小学校五年の時、先生に誕生日を書くように言われましたが、わかりませんでした。祖母に聞いたら祖母も知りません。仕方がないのでその日、六月二三日（沖縄戦慰霊の日）を誕生日として生きてきました。

小学校六年でお手伝いさんになりました。給料はすべて祖母の手に渡ります。それでも家で祖母にこき使われていたことを思えば、楽なものです。孤児院に置いておいてくれたら、中学校ぐらい卒業できただろうと何度も思います。

一八歳でパーマ屋の見習いになりました。免許をとるには試験を受けなければいけません。学校を出ていないことがこんなに大変なことかと知らされました。問題集をとにかく丸暗記するしかありません。

このころ、祖母が亡くなりました。天涯孤独、一人ぼっちです。父は戦争中はハワイにいて、帰ってきた後は再婚をしたので、親子の関係は一度もありませんでした。

二〇歳でプラザハウスに就職しました。そこのお客さんに教えられてライカム（米軍施設）の試験を受けました。学校を出ていないので自信がありませんでしたが、面接と実地だけで受かったのです。私とマニキュアガールと二人一組で仕事をします。予約制で米軍関係の家族が客です。シャンプー、パーマ、セットを一人でやるので、やりがいがあり楽しかったです。

ただ女一人で住んでいるので、男たちがうるさくてたまりません。結婚すればこうしたこともなくなると思い結婚しました。そうでもなければ結婚はしなかったと思います。人が怖く、信用することができません。

主人は勤め人でしたが、二階に一五人の下宿人がおり、子ども三人を抱えてその賄いにあけくれる日々でした。姑が山ほどの借金をつくり、亡くなってからはその返済が大変でした。夫は家庭を省みない人で離婚しました。子どもの籍は夫の方ですが、育てたのは私です。

その後はビルの管理人などをしながら生きてきました。自分のことを考えると子ども、特に娘には一人でも生きていけるようになってほしいと思い育てました。

大リーグの野球中継が大好きです。いつもは野球を見るのですが、あの日はひょっと夕方のニュースを見ていました。そしたら夜間中学のことが流れました。「あー、これだ」と思ったのですが、あわてんぼの私ですから一日待って、自分の気持ちを確かめて電話をしました。一度、県に夜間中学のことを問い合わせしましたが、「ありません」のつれない一言でした。

遅れているので休まず通うつもりです。英語ができるのがうれしいですね。読み書きができるようになったら、ＦＡＸで意見や感想を送れるようになりたいのです。

※大人たちはカマスに遺骨を入れて運び「魂魄の塔」を作った

◆A・Mさん〔女性　一九三六年生まれ〕

夜間中学のことは新聞で知りました。三年ぐらい前の新聞ですが、珊瑚舎の昼の生徒たちがヤチムン通りの前で並んでいる写真が印象的でした。中学を卒業したいというより、今の自分を変えたいという思いが強かったですね。

六人兄弟の長女です。下の三人は父が違います。戦争中に家族の男手は祖父を除いて亡くなりました。その祖父も空襲で亡くなり、残された家族は昼は墓の中に隠れ、夜になったらリヤカーを引いて歩くをくり返し、やんばる（本島北部）に疎開することになりました。

那覇の安謝《あじゃ》から見る海は、軍艦で埋まっていました。普天間《ふてんま》の壕にたどり着いたら満員で、「出て行け」と言われ、石川まで山づたいに逃げました。名護を通り、決められていた塩屋まで行ったのですが、同じ町内の人は誰もいません。艦砲射撃が激しく、みんな山に逃げた後でした。

戸も畳もない家に身を寄せていると、そこの主でしょうか、「勝手に他人の家に入るな」と、祖母の頭を鎌の柄でゴツンゴツンと叩くのです。全財産を枕にしていた祖母は、すべて盗られて一文無しになり、かなりのショックを受けました。ただ母は強い人で、浜に打ちあがっていたドラムカンを利用して塩を作り、山に逃げこんだ人々に売っていました。

塩屋の収容所にいったん入り、その後は南部の米須《こめす》に移されました。真和志《まわし》地域の人は、みんな今のひめゆりの塔があるあたりに集められたのです。あの辺は激戦地でしたから死体がごろごろあり、大人たちはカマスに遺骨を一体ずつ入れて運び、「魂魄《こんぱく》の塔」を作ったのです。

終戦後は那覇に戻り、母は懸命でした。飴や酒を作り、最初はカナダライに入れて路上で売りましたが、やがて棚のある店を作り、銀行からお金を借りて人を雇って洋裁店を始め、午前中は幼稚園の先生を、夕方からは首里に魚を売りに行くなど、たくましい人でした。

そのうち、新しい父と知り合い兄弟が三人増えました。父は他に家庭のある人でした。母は意に介さないのですが、私はそのことが恥ずかしくて顔を上げて外を歩けません。弟の世話などが忙しくて、中学三年の時に学校から足が遠のき、戻ってみると数学が分からずにテストが〇点でした。ショックでした。その後は今でいう登校拒否ですね。家にこもっていました。

子どものころから体が弱く、父、叔父、叔母が結核で亡くなっており、結核は遺伝と信じていましたから、二〇歳までは生きられないと思っていました。戦争で紛失した戸籍を復活させる際、一七歳で私が戸主になり、そのことも重荷でした。どうやってみんなを食べさせていくのか、悩みました。

相変わらず昼は外に出られませんから、夜間の洋裁学校に通うことにしました。半年ほど通い、これで食べていこうと決心がつき、東京の洋裁学校に行くことにしました。母と父のことが恥ずかしいと思っていましたから、沖縄から出たい、自立したいと強く感じていたのです。

洋裁学校から中学の卒業証書を送るようにいわれましたが、戦争のどさくさでなくしたとウソをついて誤魔化し、師範科まで二年通いました。中学を出ていないこと、沖縄出身であることが辛いこともありました。特にアパートを見つけるのが大変でした。沖縄の人が同郷人に貸さないことが不思議です。

一度沖縄に帰った後、もう一度東京に出て洋裁店に勤めましたが、どうしても寒さに耐え切れずに帰ってきました。結婚をし、子どもを持ちましたが、四〇代後半に離婚、更年期、子どもの反抗とさまざまなことが続き、自分の生き方が間違っていたのではないかと悩みました。

そのころからです、自分の中に中学生のままの自分がいる、成長しきれない自分がいるとわかり始めたのは。中学時代に母が次々と弟や妹を出産し、特に弟が生まれた時の母の喜びようを見て、母に捨てられたという思いが、いつまでも残っているのです。体が弱いことも常に自殺願望につながっているような気がします。

そんな自分をどう立て直して行こうかと迷っていました。年ですからこのままでもいいじゃないかと思う一方、毎年三月、四月になると母との確執がよみがえり、このままではいかんと夜間中学に申し込みました。本当に勇気が必要でした。

夜間中学に通うようになって、ずいぶん変わってきたと思います。入学してすぐ膝と手を悪くして休まざるをえませんでした。今までの私なら辞めたはずですが、今回は粘っているんですよ。学校のことがひっかかっているせいか、毎年春になると憂鬱だったのですが、今年はありませんし、ぎくしゃくしていた母との関係も良くなりました。

このごろ思うんですが、数学の応用問題や日本語の時間でやったことが社会の人間関係に役に立つ、コミュニケーション能力を育てる力になっているのではないかと。卒業というより心の中の問題をどうしていくかが課題です。あと一年ありますが、自分がどう変化するか楽しみです。

コラム

住民収容所と孤児院

謝花　直美

一九四五年三月二六日、慶良間諸島座間味島への上陸で始まる沖縄の地上戦で、米軍は上陸直後から、前線から離れた場所に焼け残った民家などを住民収容地区とした。

四月一日、米軍は沖縄本島の読谷山《よみたんざん》村から上陸し、南北へと戦線をすすめた。戦闘が終了した地域で住民を保護した。米軍は日本本土侵攻のために基地建設に着手するため、戦闘終了地域で、住民を北部へと再移動させた。具志川《ぐしかわ》や玉城《たまぐすく》など中南部の収容地区にいた住民が約九万人なのに対し、北部では宜野座《ぎのざ》一一万人、田井等《たいら》六万四千人だった。

一九四六年一月の時点で、沖縄本島に一一収容地区が設置された（辺土名《へんとな》、田井等、瀬嵩《せだけ》、久志《くし》、古知屋《こちや》、宜野座、漢那《かんな》、石川、前原、古謝《こじゃ》、知念《ちねん》）。住民が配給業務や食糧増産の開墾に携わった。米軍は、主要地区に孤児院を創設、同年四月に住民側機構の沖縄民政府が組織されると、施設を移管した。

一九四五―四七年、一〇～一一カ所あった孤児院には約一千人が収容された。孤児院は辺土名、田井等、瀬嵩、福山（宜野座市）、漢那、惣慶《そけい》（漢那市）、古知屋、石川、コザ、前原、南部は糸満《いとまん》、百名《ひゃくな》（知念市）にあった（所在と施設名が異なるものに市名を記述）。

孤児院再編は、四五年末からの住民の出身村への帰郷に伴う収容地区再編と呼応したと考えられる。四七年、孤児院は、田井等、福山、コザ、首里、百名の五カ所に統合された。

孤児院には、戦場で身よりを失った子ども、親や親族と生き別れた者など連れて来られた。子どもの世話をするために避難地区にいた若い女性たちが「保母」役を務め、主婦らが炊事を担当した。また年長の孤児が世話係となった事例もあった。

筆者が取材したコザ孤児院の事例（「一枚の写真　戦後孤児院物語」沖縄タイムス二〇〇五年一〇月三〇日～一一月四日）から当時の様子を記述する。

コザ孤児院は、戦闘の被害を受けていなかった民家を転用した。この建物はハワイ、南米移民で財をなした一族の広々とした二つの屋敷だった。母屋やアシャギ（離れ座敷）、馬小屋があった。屋敷前の畑だった場所を、広場に整地し、ぐるりと取り囲むようにテントが設営された。子どもたちの世話をした女性は「八〇〇人ほどの子どもたちがいた」と証言する。

戦場をからくも生き延びても、衰弱し食物を受け付けずに栄養失調で死亡していく子どもたちが続出した。アシャギは室内を柵で四つに仕切り、一区画に一〇人ほどの子どもが入った。ミルクを与えたが、子どもたちは栄養失調で受けつけず激しい下痢で衰弱、朝になると泣き声もあげずに亡くなっていた。

孤児院から少し離れた場所に墓地が作られ、衛生係の男性が毎日、遺体を埋葬した。天候が悪く埋葬にいけないと、孤児院の軒下に、小さな遺体がいくつも並べられた。戦争の恐怖に震え、垣根の中や煙突の隙間、床下に何日も隠れ続ける幼子もいた。世話係は戦場動員された女子中学生や若い女性たちが務め、姉のように接して、戦で傷ついた子どもたちを慰めた。

子どもたちの身寄りを探すため、一九四五年末から米軍準機関紙「うるま新報」（現・琉球新報）に「身寄りを求む」の見出しで、孤児院ごとの名簿が掲載された。ある程度成長していた子どもは姓名が記載されたが、小さな子どもは自分の苗字が分からず、また「マッチャン」といったワラビナー（童名）だけ、あるいはまったく名前がわからず「氏名不詳」とされた。

家族や親せきがひきとりに来る場合は「顔や手の特徴をじっと見つめて、探している子なのか見極めようとした」という。子どもが養子となって院を出た後、本当の親が現れて、行方を探し続けるという事例もあり、戦後の混乱は子どもたちの人生を翻弄した。

コザ孤児院に転用された建物は沖縄市住吉、また田井等孤児院は名護市田井等に現存する。持ち主が「子どもたちが戦後の一歩を歩み始めた家」として大切に住み続けている。

五カ所あった孤児院は一九四八年一一月に沖縄厚生園に統合。その後、米軍物資を中国内戦の国民党軍に運ぶために設置された「チャイナ・ボーゼ」跡地（旧首里《しゅり》市石嶺《いしみね》）に移転した。

【じゃはな・なおみ　沖縄タイムス編集委員】

「まちかんてぃ」キーワードII④

回身売り、奉公に出されて

※できることなら遺骨を魂魄の塔に入れてあげたい

◆M・Tさん〔女性　一九三三年生まれ〕

珊瑚舎のことはテレビで見ました。長いこと体調が悪く病院に通っています。病院の先生に夜間中学のことを話したらすぐ事務の人が調べてくれて、ここを教えてくれました。書き読みができないのでバカにされ、引っ込み思案な人生を過ごしてきました。読み書きができるようになれば、自分でも人間みたいな生活ができるようになると思います。

両親と兄二人、私、妹の六人家族です。戦争は小学四年の時に激しくなりました。首里《しゅり》からやんばる（沖縄北部）に逃げようとしましたが、あっちに行け、こっちに行けと言われて島尻《しまじり》（沖縄南部）まで流れてきました。艦砲射撃が激しく何十人もの死者を見ました。

具志頭《ぐしちゃん》の壕で父と次兄が亡くなりました。妹が小さくてどこも入れてくれなくて、壕から墓、墓から壕と移っている途中でした。一本の木があればその木の陰に、用水路のコンクリートの蓋があればその中に頭を突っ込んだりして逃げていました。兵隊さんの中には、「もう少しで勝つから頑張れ」と声をかけてくれる人もいました。母は破傷風で亡くなり、妹は片方の乳房を失い、私は艦砲射撃の破片で頭を痛めました。いまだに頭を押さえると痛みます。

捕虜になり戦車に乗せられて、船で宜野座の病院に入りました。その後、病院に併設されていた孤児院に入りました。母から妹を離すなと言われていたので、妹を守るのに必死でした。長兄は防衛隊でしたが、二見《ふたみ》（北部）でマラリアにかかったと聞いたきりで、その後を知りません。

怪我をした兵隊さんは、傷痍軍人として国から手当が出ると聞きました。でも、戦争で怪我をした妹にも私にも、何も出ません。後遺症に苦しむ私たち姉妹になぜ国は何もしてくれないのか、納得いきません。

私は叔父さんの家に、妹は叔母さんの所に引き取られ、別々に暮らすようになりました。そんなある日、叔母さんに「妹をよそにあげた」と聞きショックを受けました。たった二人きりの身内です。離れて暮らしていても、親戚の家なら様子も分かるのにと抗議したかったのですが、世話になっている身では声を上げるにも遠慮です。

でも、妹が帰ってきたんです。引き取り先で大鍋に湯を沸かして妹を風呂に入れようとしたらしいのですが、妹はびっくりして裸で逃げ帰ってしまいました。その時の気持ちは、安心したとかうれしいとも少し違います。あっーと胸の底から声が出ただけです。その後は姉妹一緒でしたが、親戚をたらい回しにされました。

首里に孤児院があり、入れて欲しいと頼んだのですが、保証人を連れてこいと断られました。

叔父さんはまぁまぁ良い人でしたが、そこの娘が意地悪でした。叔父さんが馬車を引いて出かけると、学校に行くふりをして帰ってこいと言われていました。仕事は牛の世話と畑仕事です。夜、ランプも使えないので宿題もできません。次第に学校にも行かなく、いや行かせてもらえなくなりました。

一八歳で那覇に女中奉公に出ましたが、楽だと感じたくらいでした。軍作業やハウスメイドも経験しました。

結婚しましたが、親に育てられていないせいもあり、いろんなことがチャースガー（どうしよう）ばかりでした。体調が悪くまともに動けない状態の中、お舅さんがガンでも、その世話が出来ないありさまでした。親戚たちからは面倒をみるのを嫌がっている、怠けていると言われましたが、引っ込み思案でうまくモノも言えず、ビクビクして過ごしてきました。

読み書きができたら、堂々と生きることができますし、親孝行もできます。家族の遺骨をお寺に預けてありますが、戦争で亡くなったのですから一緒にして「魂魄の塔」に入れてあげようかと考えています（注）。それも読み書きができるようになれば書類も書けるはずです。

こうやって夜間中学に通っているのがウソみたいな気がします。幸せです。人の中に入ることもできず、ましてや話もできない。そんな自分でした。今は同級生がいてみんな笑顔なので、安心して勉強ができます。国語の読み書きができるようになりたいのが願いです。答えが合えば算数も楽しいです。ウチナー（沖縄）の歌や三線を知らないのですが、みんなと一緒なら好きになれそうです。

夜間中学は時間をかけて教えてくれるので、ありがたいです。

（注）この文の語り手M・Tさんは、魂魄の塔に納骨しよう思うと語っているが、現在は納骨することはできない。

※全くの一人ぼっちになったのです、九歳でした

◆T・Yさん〔女性　一九三九年生まれ〕

夫が亡くなって二五年が経つので、それを節目に自分の好きなことをやりたいと、子どもたちに相談しました。その一つが学校に通うことでした。娘が児童館に関わっていて、そこで読み聞かせをしていた人が、夜間中学のボランティアだったのでここを教えてもらいました。

学校は小学校二年の途中まで行きました。母は私が幼い時に亡くなり、記憶がありません。父は大阪にいました。私は祖父母と三人で、西表島で暮らしていました。学校のある集落は天然の良港で、大きな艦船が水を取りに入ってくるような湾になっていたので、たびたび爆撃がありました。一つ山を越えて学校に通っていましたが、戦争が激しくなり、爆撃弾の薬きょうが降り注ぐようになり、一人では怖くてなりませんでした。落ちてくる薬きょうを避けようとして、谷底に落ちたこともあります。

終戦後すぐに祖母が亡くなり、祖父と石垣に移りましたが、その祖父もまもなく亡くなりました。父とは連絡がとれず、全くの一人ぼっちになったのです。九歳でした。

ある寺で奉公し、子守り、畑仕事、火葬の手伝いをしました。子どもですから大変なのは人を焼く手伝いです。地面に穴を掘って、ワラで手足を縛り、松の薪を乗せ、灯油をかけて燃やします。毛布をかけて運んで来るのですが、たいていは毛布を持ち帰るので死体はむき出しでした。棺桶もほとんどありません。

ある時、棺桶ごと燃やしていたらお腹が大きな人だったので、火の回り具合でその腹が動くのです。私は「生きてる、生きてる」と消そうとし、寺の長男は「火をくべろ、くべろ」と怒鳴ります。死体が動くことを知らなかったのです。この日のことは後々まで記憶に残りました。

四年間の奉公で祖父の火葬代を払い、年季が明けました。私は運がいいのか、人に恵まれたのか。売られたり、水商売に奉公したりはなかったです。人のウラを知らずにきました。ただ、私なりの処し方があり、泣かない、言い訳はしない方がいいと身をもって知ってからは、モノを言わないと決めていました。食べて、着て、眠れたら、それで良しなんです。

年季が明けて、沖縄島に叔父さんがいることが分かり、身を寄せました。四年間畑仕事を手伝い、父の消息がわかって大阪に移りました。そのころは結核と喘息《ぜんそく》で体がボロボロで、二年間入院しました。喘息は横になって眠ると発作が起こるので、タイヤのチューブに真綿を巻き、それを抱え込んで眠るという一年でした。結核も保険のきく薬は耳鳴りが強くなるので、保険のきかない薬を使うなど、父が面倒をみてくれました。

入院中に知り合った人が美容室をやっていて、見習いとして使ってくれました。電気パーマの時代でしたよ。十数年勤めて、通信教育で美容師の免許を取りました。小・中学校を卒業しているという履歴書を書くしかありませんでした。

沖縄に戻り、幼なじみと結婚、五人の子をもうけました。夫が建築の仕事をしていましたが四〇代で亡くなり、まだ学校だった子どもたちを育てるために、本当に苦労しました。朝・昼・晩と働きました。字の読み書きができないので、皿洗いや掃除の仕事を掛け持ちでこなすんです。でも、学校を出ていないことを引け目に感じたことはないんです。それが私の人生なんだと受け止めています。

最初に話したやりたいことの一つは、洋楽を聴くことでした。子どものころから好きなんです。長男が薄型テレビを買ってＤＶＤを用意してくれたので、今は好きなだけ聴くことができます。学校は出たいという願望はずっと持っていました。読むことはできますが漢字が書けませんし、きれいに書けるようになりたいのです。

団体の中に入ることが苦手な私を心配して、珊瑚舎の入学式には長女と次女がついて来ました。孫たちからは励ましの色紙をもらったんですよ。学校は楽しいの一言です。自分と同じ境遇の人がいる、自分一人じゃなかったと分かり救われる思いです。理科が好きです。分からないけど考えていくのが好きなんです。英語は苦労しています。

※どんなことをしても子どもを売ったりしないと言った母

◆Ｇ・Ｓさん〔女性　一九三五年生まれ〕

夜間中学のことは、知り合いに四〇歳過ぎて大阪の夜間中学を卒業した人がいたので、少しは知っていました。その人から映画「こんばんは」を勧められて観に行きました。いろんな人が学んでいて心強かったです。沖縄でも夜間中学が始まると知り、友だちと誘い合って入学しました。

私は「安里屋ユンタ」や「島のブルース」などの踊りや太鼓を教えています。その際に、いろいろ字を書く機会が多いのです。きれいな字を書いてあげたいと思うのですが、なかなか上手く書けないので、勉強し直そうと決心しました。いつまでも他人に頼っていられませんから。

宮古島に九人兄弟の三女として生まれました。四歳の時、父が盲目になりました。栄養失調で鳥目になり、医者もいなくて、目のつぼを〝やいと〟（お灸）で治療するしかなかったのです。ある日そのやいとをしたところ、目から川のように血が出て、見えなくなったのです。

働き手は母と二人の姉です。とはいえ食べるものがなく、近所の子守りをさせてもらい、芋をもらって食べていました。何が辛いって、食べ物がないことです。少しの米にカンダバー（芋の葉っぱ）を入れ、家族分になるように水を足してジューシー（おじや）にしますが、すぐお腹がすくのです。

小学校は入学しました。一年の時、担任のナカムラ先生が洋服の配給キップが当るようにしてくれましたが、家に帰ったらお金がないので換えられないと言われ、短い夢で終わりました。学校もこの一年だけです。でも、空襲を避けて学校の裏山の松の下で１＋１＝２、２＋２＝４と地面に書いたことだけは覚えています。

八歳から一一歳まで、ある家に女中として住み込みました。子守り、畑仕事、薪取り何でもしました。学校には行かせるという約束でしたが、通う暇はありませんでした。給金の代わりに時に、芋や味噌をもらいました。子どもには重いのですが、親に会いたさに泣きながら頭に乗せて運びました。

一四歳のころ、姉さんと私を〝サカナヤー〟(売春宿)が買いに来ました。母は売った金でものを食べるのは、娘を殺して食べるようなものだと断りました。金がないから学校に行かされんけど、どんなことをしても子どもを売ったりしないと、はっきり言ってくれました。この時の母の気丈夫な姿は忘れられません。

当時は女の子だけではなく男の子も〝いとまんうぃ〟と言って、糸満《いとまん》に漁師として売られたのです。貧乏でも嘘はつくな、道をまっすぐ歩け、人に可愛がられるようになれと教えられました。母があってこそ生きてこられたと思っています。

一四歳で沖縄島に渡り、女中を始めとしてさまざまな仕事をし、稼いだお金はほとんど仕送りしました。七番目の兄弟から学校に通えるようになったんです。仕事先で夫と知り合い、結婚しました。「勉強だけが大事なんじゃない、お前は体で覚えることをしたらいい」と言ってくれました。そのおかげもあって、太鼓を習い最高賞も取り、三線、大正琴も地域の公民館で高齢者の指導をしています。郷友会の婦人部の指導もしています。夫は他界しましたが、忙しくしているのであまり淋しいとは思いません。

夜間中学は頭が疲れます。何しろ初めて鉛筆を持つんです。先日算数の計算が出来たので思わず自分で、「〇〇さんは自分一人でやって合ったよ」と言ったら、クラス中が拍手してくれました。家族みんなが応援してくれます。娘は「母さん、これまでの六〇年はこれから六〇年かけて埋めていくのよー」と励ますし、孫はばぁちゃん出来ている？　と九九の練習を一緒にやってくれます。辞めるに辞められないですよ。

✻「お前なんかヤギ小屋で寝ろ」と小屋に叩き込まれて何日も眠った

◆M・Uさん〔女性　一九四〇年生まれ〕

珊瑚舎のことは何度もテレビで見たので知っていたんだけど、「あっー」と思って電話番号を書きとめようとすると、もう変わっているんだよね。それに字を読めない自分にとって、画面を見てメモするのは無理だった。それで友だちに「与儀公園の方のはずだから探してほしい」と頼んだの。そうしたら友だちが、「いつも行っている銀行の上がそうらしいから行ってみよう」と言って連れてきてくれたんだよね。

自分は字が読めないから、知らない場所に行くのは怖いのさ。だってエンピツを持つのも、ここが初めてだもの。一生懸命に働いてお金を貯めたのに、保証人や何やらいろんな人に騙《だま》されて、苦労ばっかりなのも字の読み書きができないから、だからどうしても読み書きを習いたかった。今は喰うに困らないから、仕事も昼だけにして、入学したんだ。

兄弟五人の三番目です。父は兵隊に行って亡くなった。母は子どもを連れて糸満に逃げる途中、背負っていた一番下の弟とともに、鉄砲の弾で首を切られて亡くなった。自分は五歳で何にも覚えていない。

姉から、あんたは泣き虫で、隠れていた壕で泣き出して、周りの人たちから敵に見つかるから「捨てろ、捨てろ」と迫られて、仕方なく下の弟と一緒に一度外に捨て、後から拾ったんだよと聞いた。戦争で何かも失ったので、両親の写真一枚もなく、どんな人だったかも知らないんだよね。

五歳のとき子どもが四人いる人に子守りとしてもらわれた。五歳が三歳の面倒をみるんだよ。無理なことばかりだった。八歳からは豚、ヤギを養い、木も倒し、芋の作付けから収穫まで全部やり、良い芋は首里まで売りにいく。

学校の先生が「小学校だけは行かせなさい」と何度か来てくれたので、一度子どもをおぶって学校に行ったら、背中でウンコをもらして、みんなに「臭い、臭い」と言われ、先生からは「外に行け」と出されてしまった。学校はこの時一日で終わりです。

もらわれていった叔父さん叔母さんたちは、メリケン袋でパンツやシャツを作って履いていた。でも「子どものお前にはいらん」と言われ、自分は一三歳までパンツを付けたことがないよ。道で会う男の子どもたちから、「〇〇子は裸だろー」と着物をめくられ、相当哀れをしたよ。

我慢のしどうしだったけど、九歳の時そこの家の七歳の娘が、〝ひばり帽子〟という白い帽子を買ってもらったのを見て、ほしくて悔しくて泣いてしまった。自分は裸足で首里までも歩いて行商をしているのにと、養っていた豚とヤギにエサをやらなかった。怒られてさー、「お前なんかヤギ小屋で寝ろ」と小屋に叩き込まれた。そうやって何日も眠った。

叔母さんが農業ばかりしていてもと声をかけてくれて、古着屋の女中になった。この時、一三歳で初めてパンツを履いた。毎月の給金がB円（注1）で三円ぐらいだったはず、生まれ島に帰るために貯めておきなさいと、隣家の女中の姉さんから教えられて甕の中に貯金していていたら、ちょうど一年経ったころにそのお姉さんに盗まれてさぁ、その人を探しに行ったけど、いなかった。いまだにその姉さんの名前を覚えているほど、ショックだった。

沖縄の言い方でウスミジ　ヌディ　クラスン（海水を飲んで生きてきた＝大変に貧しいことのたとえ）という言葉があるけど、ほんとそうだったよ。その後、弁当箱作り、半年ほど洋裁も少ししたけど生活できないから、一七歳で刑務所の食事作りもし、一九歳からは水商売を。昼は昼で何かしら働いてきた。

海洋博（注2）の時は、腹巻に円とドルを詰め込んで本土からいろんな人が押し寄せ、自分らですら見たこともないほど儲かった。店のマスターも、がんばればがんばるだけの成果を支払うという人だったしね。一晩働いてサイフに入りきらない日もあったからね。

その後自分でおでん屋、弁当屋もやりました。夫は酒タバコをやらないやさしい人でしたが若くて亡くなったので、二人の子どもは商売しながら一人で育てました。

夜間中学に入ってから、銀行に初めて一人で行った。昔は代書屋《だいしょや》がいたからよかったけど、いつもは娘についてもらっていたので怖かったけど、勇気を出してさ。銀行の人が、自分で名前、住所を書けるようになっているからびっくりしていたよ。以前は人前で何か書くなんて、びくびくして手が震えるだけだったから、きれいには書けないがまずは書けるようになった。だから夜間中学に行っていると教えたら、半年で書けるんだとさらに驚いていた。

学校は楽しい。字を少しずつ覚えていくし、漢字も書けるようになっていくと思う。六年は通わないとダメだろうけど。でも、日本語の時間に書いた「古い記憶」は恥だらけで、あわれで涙が出てくるので、書くのはいやだなぁとも思う。まして、ほら、あんな大勢の人前で自分が書いたものを読むなんて、とってもできないと思うよ。友だちも出来て、授業の前にみんなとお茶を飲みながら持ち寄ったあれこれを食べながら、ユンタク（おしゃべり）するのが楽しみなんだよね。

（注1）Ｂ円：一九四五年から一九五八年九月まで、米軍占領下の沖縄県や鹿児島県奄美群島（トカラ列島含む）で、通貨として流通したアメリカ軍発行の軍票。

（注2）海洋博：沖縄の本土復帰記念事業として、「海―その望ましい未来」をテーマに一九七五年に本部町で開かれた沖縄国際海洋博覧会。

※学校に通ってない、字が書けないことが心に突き刺さっています

◆Ｋ・Ｕさん〔女性　一九三七年生まれ〕

いつも五十音を教えてくれるところを探していました。塾も探しましたが、そんな簡単なことを一から教

えてくれるところがなく、習字を習いに行っても年が年だからすぐ漢字、漢文をさせられるので意味も分かりません。ニュースで夜間中学のことが出ていましたが、場所が分からないので新聞を読める友だちに聞いたら、「分かるよー」と言って紙に書いてくれました。

昭和一二年生まれです。国民学校の一年生の時に戦争が始まりました。物資は少なくなっており、配給のセーラー服はくじ引きでしたがはずれ、それ以来制服というものをつけたことがありません。カタカナは習ったものの、ひらがなさえ習いませんでした。

住んでいたのはやんばる（北部）だったので、食べるものに困ったことはありませんし、戦争でケガをした人や死んだ人も見たことがありません。

戦争中は海のそばの壕で暮らしました。海はアメリカ軍の艦隊で埋まるようでしたし、夜は照明弾で昼のように明るかったです。艦砲射撃の弾は山を狙うので海岸にいた私の一家は無事でした。ゼロ戦が何機も艦隊に向かって自爆しようとするのですが、ほとんどは海に打ち落とされてしまうのです。兵隊さんの気持ちを思うと辛かったです。一度だけ三隻並んだ艦船の真ん中にゼロ戦が体当たりし、艦船が燃えました。もううれしくて壕から飛び出て拍手をしました。

米兵の上陸が始まり、何度も日本語で何もしないから投降するように言われ、みんな手を挙げて壕を出て、今帰仁で捕虜になりました。その後、大浦湾の山の上に移されました。そこは水場も遠く、よもぎ、カンダバー（芋の葉）、桑の葉さえないところでした。

両親、動けない祖父母、私を頭に六人の兄弟の計一〇人家族にとって、食糧は配給では到底足りません。名護近くの川原が米軍のチリ捨て場になっていると聞き、出かけるようになりました。いろんな子どもが拾いに行っていました。食べられそうなモノがあれば川で洗って食べ、残りものを持って帰ります。そうしているうちに今でいう賞味期限切れというのか、捨てるものを、米軍の兵隊が子どもたちに配るようになったのです。男女別々に並ばされ、食べたこともない、見たこともないような大きな缶詰、バター、チーズ、ソーセージです。毎日通いましたよ。

しばらくして、本部《もとぶ》の家に戻されました。学校も始まっていましたが、紙もエンピツもなく、算数は石を使い地面に文字を書いて勉強しました。でも私は学校には行けません。父が魚を捕り、母が売りにいきます。私は家の仕事と兄弟五人の面倒をみます。時々兄弟を背負い学校に行ったりもしましたが、泣くと教室から出されるし、男の子が下の兄弟をいじめるので行けなくなりました。

一〇歳の時、叔母を頼り那覇に出ました。子守りは嫌いなので水売りをしました。米軍相手に奄美大島からたくさんの女の人が来ていて、その人たちに売るのです。それを元手にバーキー（平ザル）を首から下げ、そこに歯磨き粉、歯ブラシ、ハンカチなどの小物を乗せて平和通りの路上で売り歩きました。どれも一つ一〇円です。警官が取り締まりに来ると走って逃げますが、一度も捕まったことはなかったです。ただ逃げる際、ザルから品物が転げ落ちても拾う暇がないので、あまり儲かりません。

そのころ、壷屋《つぼや》に青バス（琉球青バス会社）が登場します。考えてみかんやりんごを売ることにしました。セメント袋を使って一斤入る袋を作り、果物を入れてバスの窓から売るのです。一二、三歳だったでしょうか。まだ波の上神宮が原っぱで、そこにすべり台がありました。唯一の楽しみはこのすべり台に乗ることでした。

もっと金になる仕事を探そうと、米軍に入ろうと思い、嘉手納に向かいました。面接では、経験もなく英語ができないと分かると三週間コースのメイド学校を勧められましたが、バス賃がなくてダメ。そこで、以前バヤリースの賄いをしていたことを女中の経験として、「英語は話せないが聞くことはできる」と言うと、その場で仕事が決まりました。ウソをついた手前、一生懸命努力して三カ月で何とか日常に使えるぐらいに英語が上達しました。でも、それ以上は上達しませんでしたが……。

隣の家のメイドをしていた石川出身の人が、「米軍の飛行機が落ちて兄弟が殺され米軍が憎い。あんたも英語なんて覚えることなんかない。こんなところよりもいい先があるから行こう」と誘われるままに那覇に来ました。この人にぜひにと言われて、瀬長《せなが》亀次郎（注）の演説を聞かされました。この人に付いて行けば学校に通ってタイピストになれるはずでしたが、私にはなぜかそんな話は巡ってきませんでした。

小禄《おろく》の米軍に行き、直接交渉をしました。事務所に行けば学歴、縁故、美人等が考慮されるからです。食堂勤務からクラブハウス、将校クラブとランクを上げていきました。この当時はほしい仕事が分かっていて、意地とやる気があれば、学歴は関係なく仕事がやれたのです。復帰後はそうはいかなくなりました。

結婚し四人の子どもを育てると、自分の無学が悔しくてなりません。ハガキ一枚書けません。学校に通っていない、字が書けないことはいつまでも心に突き刺さっています。死ぬまでには書けるようになりたいです。

夜間中学は素晴らしい。先生も優しいし、仲間がいることが一番素晴らしい。一人では出来ないことです。自分がきれいに字をかけているのかどうか仲間を見れば分かります。励みになりますよ。足が痛いけど休むのはいや。通い通します。

（注）瀬長亀次郎：一九〇七年―二〇〇一年。沖縄の祖国復帰と平和な社会の実現をめざした政治家。那覇市長も務める。カメさんと呼ばれ、県民に慕われる。

※借金だけはすまいと働きづめで、いまでも働いています

◆H・Oさん〔女性　一九四三年生まれ〕

珊瑚舎から歩いて一五分ぐらいの所にあるスーパーで、清掃の仕事をしています。スーパーに来るお客さんからここのことを聞きました。三月にその人が買い物に来て、自分の友だちが夜間中学に通っていて、卒業式のために砂糖テンプラ（サーターアンダギー）を作っていくというのです。そんな学校があるなんて知らなかったです。

その人が「卒業式をあんたにもみせたかったさー。今なら間に合うよ、分からない人も分かるようになるはず」と言うので、すぐ申し込みに来ました。

小学校は卒業したことになっているけど半分も通っていません。大阪で生まれ、昭和二一年、三歳の時に戦争が終わったというので、母の故郷・沖縄の糸満に帰ったのです。女三名、男二名の長女です。このころは珊瑚舎の裏手にある与儀《よぎ》市場通りがにぎやかな時分です。今の農連《のうれん》市場はその後にできたはずです。

母が芋やターンム（田芋）を糸満から担いで売りにきます。五歳の私は背中に弟を背負って、母の後から歩いてきました。遠かった。二、三時間かかったと思いますよ。

小学校二年の時に那覇に引っ越しました。ちょうどそのころ五歳になった弟を亡くしました。母は初めての男の子が死に、精神的に弱り、気力もなく、私の転校の手続きを長いことしなかったのです。

だから小二でやるカタカナが書けないけど、小三でやる掛け算、九九は分かる。小四の割り算、分数は全く分からないんです。

小学四年になると母の状態が悪く、生まれたばかりの子どもがいたこともあり、私が家のことをすべてやるようになりました。水汲み、ごはんの支度、洗濯、そして下の兄弟の世話です。生まれたばかりの弟も体が弱く、よく背負って病院に行きました。食べるものもなく苦しい生活でした。

中学校は行けませんでした。一二歳の時に学校の先生の家に子守り奉公に出ました。他人の家なので気を使います。一四歳になった時、隣の人が牧港のポテトチップスを作る工場を紹介してくれ、年齢を偽っていきました。バス代を半額にするために制服を借りていくんです。できたチップスを袋詰めする仕事です。定時制の高校生もたくさんいました。

一六歳の時、一八歳ということにして住み込みでパチンコ屋の店員の仕事をみつけました。一人で二〇台ほどの機械を受け持ち、玉の出し入れをします。客が「玉をあげれ！　のせれ！」と叫ぶその声で、台に玉を入れるのですが、客は血走っていますから大変ですよ。朝八時から掃除し、夜は一〇時三〇分まで、それから機械の手入れがあり、見かけより重労働ですが、二〇歳前後の店員が二十数名もいて、それはそれで楽しかったです。給料をもらうと、ほとんどは家に入れますが、時々ブラウスを買ったり中村錦之助（初代）や美空ひばりの映画を観るのが好きで、ヤチムン通りにあったびっくりそばで、一〇セントの沖縄そばを食べるのも楽しみの一つでした。

その後、二世のお宅でメイドもしました。メイドは二人いて、私は子どもの世話、洗濯、アイロンがけ、もう一人は台所係です。奥さんは仕事には厳しい人で、ワックス掛けやアイロン掛けはだいぶ仕込まれました。一方、優しいところもあり、週一度実家に帰る時には手作りのケーキを持たせてくれ、妹弟はそれを楽しみにしていました。そんなこんなで実家に居ることはほとんどなく働いているので、近所の人が、あれ、この家にこんな娘がいたのかというぐらいでした。

結婚をして子ども三人をもうけました。ただ夫は酒好きで家族を省みることのない人で、精神的にも苦労が多く、離婚しました。母に言わせると、お前はわざわざ苦労を探しているということになるのですが。一人では三人の子どもを学校に出しきれないので実家に戻り、両親に面倒をみてもらい、あらゆる仕事をしました。娘に「同じ家に住んでいるのに一緒に寝たことがない」と言われましたが、借金だけはすまいと昼夜働きづめです。この年になっても働いていますよ。

提出物は、娘が小さいころから書いてくれました。役所では、役所の人に「これはどんなして書くの」と聞いて書いてもらっていました。それが娘が学校を卒業すると、「字が汚くてもいいから自分で書きなさい」とつっぱなされました。人は一生勉強しなければダメだよというのです。それからは住所、名前を覚え、母の入院の際も、ケースワーカーと相談しながら書類を全部自分で書きました。分からんよーではすまされないんですよね。

私らの世代でも意外と学校を出ていない人が多いんです。こんな年でも勉強したい人はもっといるはず。ここの学校があることも知らないはずだから、知らせたいよね。そう思ってこの間は新聞に載るのもＯＫだった。学校は楽しいよ。

曲がった字がちょっとよくなった気がする。文章はまだ一行ぐらいしか書けないけど、卒業までには思うことを書けるようになりたいので、仕事の合い間に少しでも練習をしているところです。

※無学のままのこの六〇年間は真っ暗だったんだ

◆Y・Tさん〔女性　一九四一年生まれ〕

お昼のラジオを聴いていたら、戦争で学校に行けなかった人の学校があると言っているんです。エンピツが間に合わなくて電話もわからん、学校の名前もわからん。その後もラジオを聴いていたけど、その一回だけしか放送しないわけ。役所に問い合わせたら「自分で調べなさい」と言われたけど、調べきれんのです。そこで役所の救済を受ける課に行って話をしたら義務教育課だと教わって、やっとここ（珊瑚舎）が与儀にあると分かったんです。

六八歳まで無学できました。戦争で父は兵隊に行き、それっきりです。母は私が五歳ぐらいの時に弾で死にました。兄弟がいたような気もするのですが、記憶にないんです。まったく一人でした。そばにいる大人をお母さん、お父さんと呼んでくっついて歩きまわっていたのです。

その後、孤児院にも入れず、一〇年近く七、八名の育ての親というような人たちに引き回されました。今思えば、小さいながらも労働力として、あちこちをたらい回しにされたんです。久米《くめ》島にも行きました。名前もサチコ、ヨネコ、サチエ、ヨシエとその親ごとに名前を変えられ、自分の本当の名前を忘れそうでした。それでもいつか、だれかが学校に行かせてくれるだろうと思い、必死で働いたんです。

でも一〇歳のころ、誰も学校にやってはくれないと分かったときは、悔しいというか残念で、首が横に曲がってしまうほどでした。その時の育ての親は、この子は何で急に首が曲がってしまったのかと不思議がるのですが、自分の気持ちを打ち明けることなんてできません。

カマボコ屋で働くようになりました。イラブチャー（ブダイ）やサバを使って作ります。一番大変なのは氷運びです。二メートルもある塊を運ぶのは苦労ですよ。またアチコーコー（熱々）のカマボコを頭に乗せて売りに行くのですが、熱すぎて頭が禿げてしまいます。

糸満から歩いて那覇まで来て、「石川行き」の「川」の字だけが分かるのでバスに乗ったら、コザ十字路まで行ってしまい、そこでカマボコを売り歩いたこともあります。カマボコ屋のお姉さんにひらがな、カタカナの五十音図を書いてもらい、一緒に声を出して覚えました。「あいうえお　かきくけこ」はもちろん「あかさたな　はまやらわ」もまだ言うことが出来ます。でも漢字は難儀でした。

結婚してからですが、どうしても運転免許を取らなければならなくなり、二年かかって五回目で受かったんです。漢字が多くて意味が分からず、立ち往生しいしい頑張りました。五回目は一番早くできてうれしかったですよ。

子連れで魚売りの商売をしていた時、子どもを道端で寝かしていたら、「子どもを預けなさい」と言われ、初めて保育園を知りました。よそ様は何万もする時、私は三千円でしたから、一番貧しいランクだったはずです。

三〇年くらい前、どうしても学校に行きたくて、役所に相談に行ったら弁護士のような人がいて「自分で勉強しなさい」と言われました。小学校にも入学していないのに「アキサミヨー（とんでもない）」と思ったけど、どうしようもないので、本屋に入って初めて辞書というものを知りました。

言葉で言っても通じないかもしれないけど、無学ということは暗闇、真っ暗ということなんだよね。やるべきことは必死に努力してみんなやってきた。人間として、しそこなっているのは学校に行くということだけなんです。物心ついてから、そのことが苦しい。こんな哀れは残るんです。一〇歳から待っているんですから。

入学が決まったら子どもたちも喜んでくれたね。息子はアキサミヨーと笑い、娘は帳面やバインダー、下敷きなど全部用意してくれました。

入学式もうれしかった。ご馳走があんなに出ていっぱい食べたよ。カチャーシー（注）を三〇分も踊ったのは自分へのお祝いだからね。校長先生に「お父さん」って言ったら、「そんな大きな娘はいないよ」って言われた。でもね、今生まれた、初めて七歳になったんだという気持ちなんだよ。字をゆっくりでもいいからきれいに書くのがうれしい。ほんとうれしい。

昨日、理科で台風と温暖化について習った。漢字が難しいけどカナをふってあるから大丈夫。どの科目が好きか嫌いかなんてない。みんな好き。

どんなことがあっても引くに引けない。ここの学校に来ないわけにはいかないんだよ。それだけ無学のままのこの六〇年間は真っ暗だったんだ。

（注）カチャーシー：かき混ぜるの意。喜怒哀楽の表現として、さまざまな場面で沖縄の音楽に合わせて、両手をあげて自由に踊られる。

※学校に入って自分という人間はここにあったと感じた

◆E・Mさん〔女性　一九三四年生まれ〕

主人が〝夜間中学校から卒業生誕生〟という新聞記事を読んで、「こんな学校もあるよー」と勧めてくれました。前々から家庭教師を頼もうかと相談していましたから、自分が入れる学校があるなら通おうと決めました。

中学を卒業はしています。全く通っていないけど、カワイソウと思って証書だけはくれたんです。父は結婚していましたが、東京の大学の学生でした。母も仕送りをしましたが、父自身も車夫をしながら苦学したようです。車夫で雨風にうたれて肺病になり、そのまま徴用されて亡くなりました。学費のほとんどは借金でしたから、残った家族の母と兄、姉はその返済に追われました。

母は百姓に向かない人で、芋は指程度にしか育たず、豚も痩せてしまうのです。ですから私も朝早くから草刈りをし、芋を一つ持って学校に行き、帰ると母から他所でご飯を食べなさいと言われ、近所の家の仕事を手伝い、ご飯を食べさせてもらうのです。夜もあき缶に石油を入れてランプ代わりにしますが、油がもったいないので早く寝るように言われていました。

戦争は小学校一年の時からです。壕に避難する練習ばかりでした。私の島（渡名喜島《となき》）は十・十空襲以外はあまりひどくはありませんでした。でも飛行機から薬がまかれ、野菜がパーマをかけたようにチリチリになり枯れてしまいました。後でベトナム戦争の映像を見て、あれは枯葉剤だったのではと思います。芋のかずらさえなく、ソテツの毒に当たって死んだ親戚もいます。戦争中は、ただただ食べ物がない苦しさが一番でした。ただ本島の方を見ると、米軍の艦隊が本島を取り囲むようにずらりと並び、煌々と明かりを放っている光景は忘れられません。

米兵に初めて会ったのは友だちと浜にいた時です。チンサヂー（丸いヒトデ）を噛むと歯が丈夫になると言われているので、噛んでいると黒人兵が上陸してきました。身振りで吐き出せというのでチンサヂーを出すと、ポケットから何やら出してくれました。これが話に聞いていた毒薬だと観念しました。押し頂いているると兵隊は自分でも同じものを食べ始めました。あれっと思い口に入れると、チューインガムでした。こんな美味いものがあるんだと感動しました。

一一歳からは護岸工事の日雇い労働です。頭の上に三〇キロのバラス（砂利）を乗せて一キロ先まで運びます。重さで次第に首が曲がってしまいます。自分でもよくがんばったと思います。

一三歳の時に那覇に出て、住み込みの子守りをしました。働くのはイヤではありませんが、この家ではひどいことをされ、ウスク（和名：アコウ）の木を抱いて泣きました。耐え切れず親戚の家に逃げました。この時、中学校ぐらい出ないとカワイソウだと、おじさんが島に連れ帰ってくれました。だから卒業証書は持っています。

その後は軍のハウスメイドです。給料はすべて島の母に送りました。それでもお小遣いをもらい、洋服や下着までオーダーメイドで作ってくれて、ありがたかったです。小遣いをもらうと大好物だった餡餅と、ジランバ屋の長いかまぼこを腹いっぱい食べること、バナナを三斤も買って映画館に行って食べるのが大好きでした。「愛染《あいぜん》かつら」を見て、泣きながら食べるんです。

その後は桜坂（かつての繁華街）のダンスホールに勤めました。B円とドルを併用していた時代です。給料は安かったのですがチップは多く、それを貯めて家を建てて、母を呼び寄せました。

心の底にはずっと学問をしなかったことが残っていました。どんなことがあってもやりたいと思ってきました。学校に通い始めて、自分という人間はここにあったと感じます。勉強をしていると子どものころの気持ちに戻り、新鮮な気分になります。

校長先生が「家に大きな辞書と虫眼鏡を用意したらいい」と言っていましたから、今年の母の日に娘からプレゼントしてもらいました。辞書を引くのが楽しくなりました。娘も母さんイキイキしているよと言いますし、主人も三日坊主と思っていたのにと、うれしそうです。卒業までやるつもりです。

※夜間中学校にいると素直な子どもになれるんです

◆K・Mさん〔女性　一九三八年生まれ〕

一昨年、昨年と、二度ニュース番組で夜間中学のことを見ました。絶対に勉強したいという気持ちがあったのですが、自分の時間が全然なかったのです。今年こそはと思い、ＱＡＢテレビに電話をして、珊瑚舎を教えてもらいました。

昭和二〇年に小学一年生です。ですから学校は籍を置いたというだけで、読み書きもまったく習っていません。南部の糸満近くで生まれました。

四歳ごろでしょうか、曾《ひい》おじいさんが頭をカンプー（琉球王府時代の束ねた髪型）に結っていたこと、亡くなった時に大人が七、八人で担ぐような大きなガン（棺桶）で運ばれていったことが、記憶に残っています。

父は防衛隊にとられて、後に戦死します。祖父と母と私の三人家族です。戦争が激しくなり部落の人たちとやんばるに逃げました。祖父がオーダー（天秤棒）の片方に私を、もう片方に食糧を入れて運んでくれたのです。

比謝《ひじゃ》川の奥に捕虜になるまでいました。食べるものはなく、ただただ川の水を飲みました。赤痢、マラリアにかかり、痩せて小枝のようだったとか。あだ名は〝ヨウガレー〟（栄養が枯れる）でした。祖父もマラリアにかかり、代わるがわるに熱を出し、一枚のセンベイ布団にくるまっているだけでした。母が食糧を探しに行って捕虜になり、年寄りと子どもがいると分かり辺野古《へのこ》に連れていかれました。祖父はそこで手当てを受けたのですが、マラリアがもとで亡くなりました。

その後、母と糸満に戻されましたが、家も土地もありません。親戚のおじさんが戦争から戻って、糸満のテントヤー（テント小屋）にいると聞き、頼っていきました。

母が再婚し、弟と妹ができましたが、弟は生まれて一歳に満たないで死にました。九歳ごろに子守り奉公に出されました。奉公先は二歳、五歳の子どもがいて面倒を見るのですが、家が恋しくて、毎日南を向いて泣いてばかりでした。三カ月ほどして、その家のお母さんがいない夜に、逃げ出したんです。

逃げるといっても子どもですから、手段があるわけもなく、大通りに出て「糸満に帰りたいよー」と大声で泣き叫んでいると、軍作業からの帰りの車が止まって那覇まで乗せてくれました。そこからは南部の喜屋武に帰る人に連れてもらい戻ったのです。

でも帰ったものの、食べるものがなく、連れ子ですから居場所もありません。父が酒飲みで母を可愛そうに思い、また子守り奉公に出ました。一〇歳を一二歳と偽ってです。先には同い年の子どもがいましたが、私を年上と思っているので、ネーネーと呼びます。同い年なのにどうして自分は学校にも通えないのか、同級生のその子を見るのが辛かったです。それからは義弟妹と一緒に暮らしたことがなく、ほとんど奉公でした。

一六歳の時には、やはり年齢を偽って女中になりました。母の出産のお金を稼ごうと、二年間の奉公を五〇ドルで働きました。朝八時から夜中の三時過ぎまで仕事です。大きな料亭でしたから、大皿を一晩で三〇〇枚洗うこともありました。

世間のあれこれは分かります。ただ、読み書きができません。役所に行って住所、名前をここに書いてと言われると、あれほど家で練習してきたのに、頭が凍ってしまいます。手紙がきても、どんな内容か分からないので、誰かに読んでもらうしかない。大事な書類も書けない。借用書も書いてもらう。どんなことが書かれているのか確かめる術もない。

せめて戦争前に生まれていたら国民学校に行けたのでは、また戦後に生まれていたら、親の都合だけで学校に行けないなんてことはなかったのではと思うことがあります。母を恨むということではありません。

子どもが生まれてからも大変でした。高校まで出した息子が結婚し、やれやれと思っていたら四名の孫を残して亡くなり、そのうちの三名を五〇歳を過ぎた私が育てることになったのです。働き続けるのは当たり前ですが、ひどい喘息を抱えながら孫を育てる、何度ももう生きていけないと思うことがありました。でもその孫に子ども、私にとって曾孫ができたのです。明日はその子の誕生日なので、初めて夜間中学を休みます。

夜間中学に来る前に、くもんの教室に通ったのですが、やる気はあるのに読み書きができず、宿題ができずにダメでした。夜間中学の時間はすばらしい。生きがいを感じます。素直な子どもになれるんです。どの教科が一番好きということはない。みんな難しいけど楽しい。クラスのみんなの事情は知りません。聞かないけど一緒に勉強していると、気持ちが通じ合うから。友だちは大事です。

※小学校一年を終わった時に売られました

◆M・Jさん〔女性　一九三八年生まれ〕

友人から沖縄にも夜間中学があると聞きましたが、自分は無理だろうなと思っていました。というのは昭和三〇年に東京の夜間中学に申し込んだことがあります。入れると思っていたら、小学校を卒業していないから入学できないと断られたからです。今は外国の人も多く大丈夫なようですけど。

去年の六月二三日慰霊の日に、テレビで夜間中学の番組があると知り、例年なら魂魄の塔に行くのですが、テレビを見ました。その中で小学校を卒業していない人もいるとあり、ここならと考えたのです。珊瑚舎まで下見に行って、友人と一緒に見学をさせてもらい、入ろうと決めました。

小学校一年を終わった時に売られました。ハイスクールまで通わせるという言葉を信じて、五四歳の女の人についていきました。実際は、この女の人がどこからか仕入れてきたさまざまな物を売るのが仕事でした。小学生ですから、店とも呼べないような道端に板を並べただけの空間で、文房具やレポート用紙などを売るのです。この人は台湾との密貿易に関わっているらしく、よく警察に捕まるので、弁当の差し入れにも行っていました。

当時は一斗缶におがくずを詰め、その中に紙を入れて燃やして煮炊きをしていました。私の唯一大事にしていた一年生の成績表とノートを、その焚きつけの紙にされて泣きました。

那覇の壺屋《つぼや》に移って生地屋を開くことになりましたが何だか怪しげで、九歳で夜中に逃げ出しました。姉が世話になっていたおばの家です。ここで学校に行ったのですが、一年しか終えていないので二年に編入するしかない、それが決まりだと言われました。何より落第という言葉が子ども心にも応えました。私が一体何をしたというのか、大人を信用するもんかと思いました。学校を出なくてもいいところに行ってやると誓ったのです。

その後は子守り奉公に出ました。おばと奉公先の間でどんな約束があったのか知りません。借用書しか見ていません。どんなに正直に必死に働いても、一銭も私のものにはなりませんでした。奉公先では子どもたちと同じように扱ってもらい、良くしてもらいましたが、ただ学校だけは行けませんでした。後で、ここのご主人が教育に貢献したとして勲章をもらったと新聞で知りました。おめでたいと思うと同時に、こういう人でも、自分の身近に小学校に通えない人間がいるということが見えないということも分かりました。

一七歳の時、店員に応募して東京に出ました。下町で隣近所のみなさん親切でした。隣の床屋さんが「これからは職人になったほうがいいよ」と声をかけてくれて、理髪学校に入るのに学歴証明を取り寄せようと沖縄に手紙を出しましたが、役所からは何の返答もありませんでした。

しばらくして神奈川の叔父さんを頼りに移り住み、会社員になりました。勤める時は真っ先に、「私は学校を出ていません」と告げます。ある会社で食品の水分検査を担当することになり、多少の化学の知識が要求されます。組長に「こんなことは小学四年の化学だ」と言われ、思わず「小学一年しか出ていません」と言い返したこともあります。

ある時、映画を見に行ったら同僚がスクリーンを指して、「うちの会社だ」と言ったことがありましたが、私は自分の会社名も読めませんでした。でも、職場は人間関係に恵まれ、いい人ばかりでした。仕事もまじめにやればやるほど良いポストにつくことができました。

学歴より読み書きが出来るようになりたいと、長年思ってきました。資格は学歴で決まります。人の努力は認めませんからね。

女優の飯田蝶子が「焼き芋を買いにいくのが楽しみ、包んである新聞紙を読むことができるから」と語っています。そのころはフリガナが振ってあったんですね。この気持ちがよく分かります。

「おしん」は苦労したと思いますが、読み書きは教えてもらっているのでうらやましいですよ。私も新聞を読むのが好きで、分からない言葉はあるのですが前後の脈絡を合わせて読んだり、誰かに分からない言葉を聞いて、想像で繋げて読んでいきます。ただ読むんじゃなくて、自分の身近な人や事にあてはめて読むと分かりやすいです。

夜間中学に入ったら辞書の引き方を教えてくれるので楽しみです。夜間中学の数学の先生が新聞で、「教えるのではない。一緒に考えることが勉強。ここではそれができる」と語っており、こんな先生に教わりたいと入学しました。

※両親、祖父母、姉の五人がマラリアで亡くなりました

◆T・Sさん〔女性　一九四〇年生まれ〕

夜間中学のことはテレビのニュースで三年くらい前から知っていました。行きたいと思ったのですが、仕事をしていたので無理でした。去年の一一月に仕事を辞めましたので決心しました。テレビでは年配の方が多かったので、どんな内容か知りたかったですね。

昭和一五年生まれです。太平洋戦争が始まった年に八重山で生まれました。敗戦のときは四歳でした。両親、祖父母、姉の五人が、戦中にマラリアで亡くなりました。日本軍によって山に疎開させられてマラリアにかかったのです。でも、記憶はほとんどありません。一番上の兄は兵隊に行っていたので、戦争が終わった時に家に残っていたのは五歳違いの兄と私だけでした。近所のおばさんたちがお粥を恵んでくれて、何とか生き延びてきました。

戦後、ちょっとして長兄が帰ってきましたが、すぐ台湾に行き、そこで結婚して子どもを連れて戻ってきました。次々と六人の子どもが生まれ、私はその子たちの子守りが一番の仕事でした。六、七歳で両手に二人、背中に一人をおぶって家事をこなしました。

兄嫁は夜遅くまで行商をしていましたから、暗くなると泣き止まない子どもをワジワジ（イライラ）してつねったりしました。子どもが子どもの面倒をみるわけですから、背中の重みに耐え切れずに何度も泣きま

した。それでも小学校は休み休みですが通いました。

次兄は一〇歳ぐらいの時に、漁師のところに年期奉公に出されました。半農半漁の家で泳ぎを特訓させられ、出来ないと櫂《かい》で背中を叩かれ、畑のキツイ作業も人並み以上にやらされたとか。大きくなっても長兄に対して、金で売られたという憎しみは消えませんでした。

私も一二歳からは一人前の大人扱いでしたから、中学校は行けるとも思いませんでした。畑仕事、何里も歩いての薪集め、田植え、豚を養う、みんな私の仕事でした。一五歳ごろは魚の行商もしました。頭にバーキー（平ザル）を乗せ、魚を入れていくつもの字《あざ》を売り歩くのです。バーキーを降ろしても重さで首が動きませんでした。帰りには豚の餌の芋カズラを背負って戻ります。

一七歳の時に近所の鰹節工場の賄《まかな》いをし、いずれ本島に行くための旅費を貯め始めました。兄に世話になっていることが重荷で、小さくなって暮らしていました。人の世話になって生きていることがたまらなく苦しかったです。学問がないのでほとんど肉体労働です。小さいころから働いているので、仕事をキツイなどと思ったことがありません。護岸工事の現場やアスファルト張りの仕事もしました。

一八歳で沖縄本島に来ましたが、知り合いもないので食堂の住み込みになりました。朝八時から夜中の一時、二時まで働かされましたが、そういうものだと思っていました。しばらくして間借りをした時は、うれしかったです。トタン葺きで板張りでした。そこに泥棒が入った時はショックでした。

二四歳の時に結核と診断されました。自分の体を気遣う余裕なんてなかったし、病気の知識もありませんでした。若いから何とかなると、食べ物も腹が満たされればいいと思い、栄養のことなど考えたこともありません。家はない、親はいない、自活するしかないのです。

毎日ボーッとしてばかりいて、足が那覇の波の上に向かい、行ったり来たりを繰り返すばかりです。そのころの波の上は自殺の名所でした。自殺したら新聞に載るだろうか、どうやって死ねばいいのかということばかり考えていました。結局、八重山に戻り入院しました。

当時は結核の治療費はただでした。それでも迷惑をかけているかと思うと早く出て働きたいとばかり思い、先生に一番早く治る治療を頼み、手術をしました。一年で退院しました。

これからの人生を考えて、誰でもいいから結婚をしようと決め、相手も選ばず結婚しました。相手は酒飲みでバクチが好きな人で、独身時代の苦労とは比べものにならない苦労をしました。漁師でしたが人に使われることを好まず、私が借金して船を買いましたが、仕事はしない、借金を返すことなど考えない人で、家庭をもつような人ではありませんでした。今でいう家庭内暴力はむろん、数々の問題を抱え込むことになりました。私が最初にした借金を返すまでに二〇年かかりました。その借金を返して離婚しましたが、長い、長い二〇年でした。子どもは三人います。三人ともゆがまずに育ってくれて感謝しています。

字を書く以外の仕事なら何でもOKです。字を書けないというコンプレックスは一生ついて回ります。独身時代、学問のなさを何とかしようと「女性教養講座」の通信教育を申し込みましたが、送られてきた教材を見たら難しくて、字が読めません。漢字にフリガナなんてしてありませんしね。それは諦めましたが、それ以来、新聞を取り続けています。分からない字は辞典でひくようにしていますから、何とか読むことはできますが、書けません。

一番長く続いた仕事は病院の付添婦です。経験があるから講習を受けてヘルパー二級の資格も取りました。ただ、そうなると各家庭に派遣され、申し送り状を書かなければなりません。ひらがなしか書けない私にとって、それは本当に大変なことで、肉体労働のキツサなんて比べものにならない苦しみでした。字をすらすら書けるようになりたいのです。

夜間中学校はいいですよ。楽しい。小学校時代の記憶には、学校が楽しいなんてありません。学ぶことがこんなに楽しいなんて自分でも驚きです。子どもたちも今の私を喜んでいます。算数の計算が好きですし、英語も覚えてきたら楽しみになってきました。看護の仕事は基本的に一人ですが、学校は大勢の友だちができるし、会話もできてうれしいです。

※生活していて何が怖いって、字を書くことです

◆H・Mさん〔女性　一九三四年生まれ〕

テレビニュースを見てびっくりしました。夜間中学校、まさか沖縄にあるわけないと思っていましたから、頭をガーンをやられた気分でした。「まったくの無学ですが」と電話をしたら、「そういう人のための学校ですよ」と言われ、うれしかったですねぇ。

小学一年の時、大阪から本部《もとぶ》に引き上げてきました。とはいっても親は内地で、私たち兄弟三人だけが叔父、叔母のところに別々に預けられました。タライまわしです。みんな貧乏ですから、父が仕送りもせず子どもを送りこんだ形なので、ゴクツブシのように扱われました。叔父、叔母は気の向くまま、叩く、殴るを繰り返します。今でいう虐待です。

親戚が集まり、「この子はチーディ（遊郭《ゆうかく》に売る）したら海に身を投げるだろうから、どうするねー」と相

談をしたそうです。子ども心にも遊郭は焼き火箸《ひばし》でいじめられると聞いていたので、怖かったです。でも今思えば、その方が良かったかもしれません。もしかしたら学校に通えたかもしれません。

小学二年の時、大宜味《おおぎみ》の教員の家に一〇〇円で売られました。一生奉公ですから年季はありません。子守りは楽な仕事で、もっぱら畑仕事をしていました。戦争も末期で食べる物もなく、顔がむくみ、腹が膨れあがります。

沖縄戦の終結で米軍が来て、この奴隷《どれい》状態から解放されました。配給のチーズを食べて力が戻ったのです。アメリカさんには感謝しています。

もう一度救われたことがあります。大きくなってからですが、お正月で瀬底《せそこ》島に帰省していた時です。飛行機の燃料タンクを改造した船に乗って、友だちたちと映画を見に行きました。途中波にあおられて海に投げ出され、必死に泳いだのですが、友だちはぐったりと浮かんでいるだけです。その時、野球をしていた米兵たちが病院に運んでくれて、間一髪で救われました。

終戦で叔父の家に戻され、学校に行きましたが、一〇日間ぐらいでしょうか。叔父が行かんでもいいと殴り、その手から逃げて通ったのです。これではダメと思い、この家を出て渡口《とぐち》の食堂で働きました。一四歳の時です。でも、叔父が給料の前金を取りに来るので、名護の食堂に代わりました。でも前借りされて同じです。それから石川に移り、一六歳で米軍の子守りになりました。普通一カ月三〇〇円のところが三五〇円と給金が高かったのですが、何だか仕事が物足りなくて辞めました。那覇に移り、食堂の厨房で睡眠時間三、四時間で昼夜働きました。祖母を引き取り、兄弟に仕送りするために必死でした。

久米島に移って働いていた時、主人と知り合いました。働き者と見込まれたようです。かなり年上でしたが、この人と結婚すれば兄弟に仕送りができると決心しました。

字が書けないのでカタカナで、「学問もないし、親もない同然ですがいいですか」と手紙を書いたら、「いいよ」ということで結婚しました。

しばらくして夫の実家に帰ることになり、岩手県に行きました。風土も違いますが、沖縄人であること、身分違いであることから、かなりイビられました。「本当はこの人と結婚するはずだったのよ」と写真を見せられたり、辛かったですね。でも学問ができないのは私個人のせいではないと思いますから、引けはとらない気持ちでやってきました。

一度子どもを連れて、横浜に逃げたこともあります。それもあり、一家で沖縄に戻ってきました。それからはほとんど私が中心になって働いてきました。ナイトクラブ、おでん屋、食堂と、つい四年前まで商売をして子どもを育て、病気で倒れた夫を看病してきました。

夜間中学に通い始めた三日間ぐらいは、脳の神経がピクピクしていました。私はこれと決めたら熱くなる方で、開き直ったら冷静についていけます。まだ、興奮しているのかもしれません。生活をしていて何が怖いって、字を書くことです。家では書けるのに人前では震えて書けません。娘はコンプレックスじゃないのと言います。だったら克服するつもりです。

この何年かはゆっくり過ごしていましたが、今は学校に行くことを思うと、朝から何かと活動的になります。

友だちにも「夜間中学に行っているよ」と宣伝しています。

※八歳の時、糸満に売られました

◆N・Sさん〔男性　一九四二年生まれ〕

去年の新聞で珊瑚舎の夜間中学のことを知りましたが、定員が埋まっていたので、一年待ちました。東京方面に長いこといたので、沖縄に帰って夜間中学のことを役所に問い合わせしましたが、ないとのことであきらめていました。前からなんとか学校に通いたい気持ちがあったのです。

実は若いころに、東京の江戸川区にある小松川二中の夜間教室に入学したことがあります。ただそのころは生活優先でしたし、残業が多く地方への出張もあり、何日か通っただけでした。

小学校一年の一学期は学校に通いました。みんなは洋服を着て、靴をはき、教科書、エンピツを持っていました。貧乏だった僕は裸足ですし、はいているズボンもボロボロに裂けて、スカートのような状態です。ノートも画用紙のような紙を五、六枚綴じたものでした。教科書がないので隣りの人をのぞくしかありません。そうすると先生に大声で「よそ見をするな！」と怒鳴られます。

一番こたえたのは、爪の検査です。手を机の上に乗せていると先生が回ってきて、持っているムチで思いっきりブチます。痛さよりその屈辱感がたまりません。親は子どものそんなことにかまっている余裕なんてない暮らしなのです。親には行っているふりをしていましたが、一〇日目ごろに先生が来ました。「どうして来ないのか」というので理由を話したら、それっきりでした。

当時の先生はエラク、怖い存在です。今もその先生の名前を覚えています。学校に行こうと思えば行けたチャンスがもう一度ありました。一三歳の時です。その時はもう働いていましたが、両親が亡くなって、下の兄弟は児童園で育てられていました。自分も望めばそこに行って学校に通えたかもしれません。しかし、訪ねて来た叔父の「お前、今さら学校に行くなんて恥ずかしくないのか」という一言であきらめました。

実は八歳の時、今でいう人身売買で糸満に売られました。二一歳までの年季で売られたのです。姉二人もそうでしたから、次は僕の番が来たんだと受けとめたような気がします。糸満では「いとまんうい」と言って子どもを買い、漁師に育てるのです。

僕以外にも宮古の人とか、子どもはたくさんいました。素潜りをさせられます。魚や貝、何でも捕ります。ボタンにする貝もたくさん捕りました。追い込み漁もします。今は禁じられていますがドカン（爆発物）もやりました。海に出られない日は山に薪採りです。

伸び盛りのころに重いものを持ちすぎて、背も伸びませんし、両ひざを痛めて今も辛い状態です。一番重かったのは網です。きつい労働でした。苦しかったです。中学校を出ていれば、人生は一八〇度変わったはずです。

二〇歳ぐらいまでは、自分の名前をひらがなでも書けませんでした。その後、見よう見まねで覚えました。二一歳で平塚に行き、溶接の仕事につきました。溶接協会に入り技術を学びました。計算問題が出来なかったのですが、友人が掛け算、九九を教えてくれて、三日ぐらいで覚えました。その後、がんばって溶接の七種類の免許をとりました。新しい仕事をやるチャンスがあったのですが、三角比が分からず、悔しい思いをしました。基礎があればと、ほぞを噛《か》む思いでした。

溶接の仕事はかなりの腕前になり、独立して仕事を請け負うようになりました。お見合いで結婚し、書類等は家内が引き受けてくれました。造船、野球場のドーム、高層ビルなど難しい仕事にも携わりました。こうした溶接はすべてX線をとって検査をしますから、手抜きはできません。バブルがはじける前までは、かなりの収入もありました。三年前に沖縄に帰ってきました。

夜間中学に入って良かったと思います。数学はできますが、役立つから基礎からやりたいのです。漢字は自分の努力で覚えるしかありません。一日に一本の鉛筆を使い切る覚悟でやっています。書いて書いて、読み仮名はつけずに覚えるようにしています。六年生までに習う教育漢字は易しいようですが、まだ四、五字は書けないものがあります。

自分にとって一番難しいのが発音、長音や促音がうまくできません。これがマスターできれば、やりたいインターネットも楽になるはずです。三年間でできるようになるつもりです。

※今でもあのころのつらい夢を見て、涙が出ます

◆T・Aさん〔女性　一九四二年生まれ〕

娘が去年新聞で見つけて、「母さんが行きたがっていたような学校があるよー」と言ってくれました。でも、申し込んだのが遅くて満員だったんです。今年はぜひにと、一月に娘が手続きしてくれました。

病院の問診票が書けるようになりたいです。個人病院は看護師さんがハイハイと言って書いてくれますが、大きな所になると入院手続きも自分で書かざるをえません。「書けません」と言いにくいですよ。

小学一年生の時、母が私を自分の兄のところにあずけて再婚しました。それ以来、同じ市内にいながら母とは、一度も一緒に生活したことがありません。叔父夫婦には、次々に七人の子どもが生まれたので、一七歳までこの家の子守り兼女中として働きました。彼らが教育に関心がなかったのもありますが、母が再婚してから梨のツブテで、私の養育費を送らないこともあったと思います。食わせるだけでもありがたいと思えと言われ続けて育ちました。

今の年になってもあのころの辛い夢を見て、なんでー今さらと涙が出ます。私と子どもらが眠っている向こうで、伯父たちが宴会をしています。大声で何か言いつけられたように思い、飛び起きてこれかと持っていくと、「バカが寝ぼけてよー」と嘲笑《あざわら》うのです。近所のおばさんが、「小学校ぐらいは行かしなさい」と意見してくれましたが、叔母が「あれはバカだからいいさー」と答えると、「バカだから行かさなきゃ」と反論してくれました。学校の勉強だけでなく、言葉遣いなどいろんな勉強があると思いますが、そうしたことも教わる機会は皆無でした。

一七歳の時、母の弟の叔父さんが、「いつまでもただ働きの女中としてこき使っているんじゃない。解放しないとこの子がかわいそうだ」とかけあってくれて、初めてこの家をでました。叔父さんは県外に住んでいましたが、お正月の時などこっそり小遣いをくれたりしました。

住み込みでお手伝さんになりました。平和通りで紳士服を商うお店でした。ご飯を作り、掃除片付けをすればいいのです。天国ですよ。しかも給料がもらえるんです。初めて自分の洋服を買いました。環境が変わって、少し賢くなったような気分でした。

縁あって主人と知り合い、結婚しました。姑はプライドが高く、「ムニー食べてもスインチュだよー（お金がなく芋を食べていても首里人は首里人＝腐っても鯛は鯛）」という人でした。私は宮古島出身ですし、学問がないから心が苦しかったですね。

子どもは何としても大学まで出そうと決心していました。夫には学校のことは言ってありません。いつも字が下手だからと言って通してきました。でも長い付き合いですから分かっているでしょうね。

子どもは三人います。長女が小学三年ぐらいからは、家庭訪問などの書類はすべて長女が書いていました。「母さんは無学だからあんたはしっかりしなさい、あんたがこけたら、弟や妹もダメになる」と言い聞かせていました。後年、娘は大きなプレッシャーだったと言いますが、私なりに何とか子どもにしっかりとした教育を受けさせたいとの思いからでした。

ホテルの配膳係を長年していますが、遅刻、無断欠勤もなく懸命に働いても、学歴がないので今止まりです。働くことは好きですが、若い子に「今度は主任だね」と声をかけられると気が重くなります。

夜間中学ではいろんなことを学んでみたいです。今まではユンタクしていても黙って聞き役にまわるか、うなずくだけで、会話に加わることができませんでした。沖縄の歴史などを勉強して相づちをうったりしたいですね。

このごろやっと教室に慣れてきました。入学式の時はドキドキして涙が出ました。娘婿に「恥ずかしさを乗り越えて勉学に励むなんて、お母さんは向学心があるんですよ」と言われました。その励ましに応えられるようにがんばろうと思います。仕事が終わったらすぐ学校に来ます。早めに来て、字を一つでも覚えたいですね。

コラム

身売りと苦役と

山内　優子

沖縄には戦前孤児院はなかった。私はその理由を勝手に、沖縄は「結い」社会であり、孤児が発生しても親戚が引き取り、皆で育てているからではないかと思っていた。しかし、戦前の沖縄では男の子は「糸満売り」、女の子は辻の遊郭に売られていたということに気づき、愕然とした。そして、戦前の貧しい子どもたちにどのようなことが起きていたのかを調べていくうちに、「インジャ」もしくは「ンジャ」という言葉に出会った。

明治の末期から終戦前まで、沖縄の農村では借金のかたに身売りすることが一般に行われていた。貧しい農家の子どもたちが裕福な農家（ウェーキ）等に売られ、使用人として働かされるインジャという「農奴」である。

福地曠昭編著『インジャ　身売りと苦役』によると、兄弟の多い貧農では口減らしのために六歳～八歳の幼子も売られており、そのような幼子は子守りや牛に草を与える程度の仕事であるが、当然学校へは行かせてもらえなかった。

そのころは一般の家庭でも、母親が日中田畑の仕事をするには赤子を上の子どもに預けなければならず、子どもをオンブした学童がたくさん教室にいた。しかし授業中に泣いたりすると教室を出なければならず、これを繰り返しているうちに授業についていけなくなり、学校を辞めてインジャとなるものもいた。

重い税金にあえぐ子だくさんの貧農の家が納税するために、また家族の病気やケガによる治療費や薬代等を払うために、自分の子どもを身売りする以外に方法はなかった。中には男の子四人、女の子二人の子ども全員をインジャに出したり、いったん前借金から解放されたのに、再び借金のために七回も「転売」されるケースもあった。

身売りされたインジャたちは、農山村では山仕事や耕作に牛馬のように使われ、都市地区に売られた少女は家庭内の雑役、子守り、炊事に使役されていた。年中休むことなく、家畜以下の食事を与えられ、物置小屋や牛小屋の天井で寝泊まりした。年期が長すぎて婚期をのがす者もおり、一生結婚できずに身売り人として過ごすものもいた。

身売りの中で最も厳しいのが、漁業に従事する「イチュマンウイ（糸満売り）」と、遊郭における「ジュリウイ（遊女）」であった。いずれも幼少のころに売られ、年期があけても、実家に帰郷することは、現実の問題として不可能であった。男の糸満売りは、徴兵検査の年までという契約が多く、年期があけると漁業者として親方の跡を継いだり、自立していく者もあった。

一七〇八年、沖縄はその年に台風が七回も襲い、干ばつが重なり農作物が全滅したと、琉球王国の歴史書「球陽」には記されている。海藻類まで食いつぶし、餓死者が三一九九人も出たという。そのころ負債がかさんだ農民の中から、首里・那覇へ身売りするものが多くなったという記録が残っている（前出『インジャ　身売りと苦役』）。

いつの時代においても、貧困のツケは真っ先に子どもを襲う。先の大戦において、沖縄県は唯一地上戦を経験し、多くの住民が犠牲となり、千人余の孤児が発生した。しかしその戦争孤児たちの中には、見も知らぬ他人にもらわれていき、転々と他人の家をたらい回しにされ、学校も満足に出してもらえなかったという孤児もいる。

米兵相手の売春に従事させられる少女たちが、昭和三三年ころから出現した。また戦後も一六年たっているにも関わらず、昭和三六年から三年間で四六名の子どもが人身売買されており、昭和三七年一六〇人、昭和四四年には二一〇人の子どもたちが保護されている。

そして昭和三九年には、学校へ行きたくても行けない長欠児が小学生四〇五人、中学生五〇八人、計九一三人いたという記録があり、そのような子どもたちを「親のある孤児」と呼んでいた。

まさに珊瑚舎スコーレの皆さんもその中に含まれているのではないかと思われ、今回の「聞き書き」は当時の背景を知る上で、貴重な資料ではないかと思われる。

戦後二七年間、沖縄は異民族支配され、日本政府の児童福祉法は適用されなかった。そのツケは非常に大きく、児童福祉面の施策は今も不十分であり、沖縄においては、まだまだ戦後は終わっていないということを実感する。

【やまうち・ゆうこ　沖縄大学非常勤講師】

コラム

沖縄の日本軍「慰安婦」たち

宮城　晴美

＊「慰安婦」制度とは

一九三一（昭和六）年九月、満州事変を起こし中国侵略を進めた日本軍は、その翌年から沖縄戦まで「慰安婦」制度をつくり、女性たちに将兵の性の相手をさせてきました。この制度をつくった理由は、四つありました。

まず、日本軍が大勢の中国人女性をレイプしたことで地元から反発を買い、その〝防波堤〟として兵士の性の相手に女性を利用しようとしたこと、二つ目は兵士に性病がうつらないよう、軍が徹底的に性病検査を行う必要があったこと、三つ目は兵士のストレス解消のため、そして四つ目は兵士が女性に恋愛感情を持ち、軍の秘密をもらさないよう監視する、というものです。

「慰安婦」にされたのは、沖縄人を含む日本人、それに朝鮮や台湾、中国、フィリピン、ベトナムなど、日本の植民地や日本軍が占領した国（地域）の女性たちで、ほとんどが「いい仕事がある」と甘い言葉にだまされ、また、なかには拉致された女性たちもいました。

＊沖縄の慰安所

一九四四（昭和一九）年三月、日本本土防衛のための沖縄守備軍が創設され、県内各地で大規模な飛行場建設が始まりました。それに伴い慰安所（軍人倶楽部ともいいます）も設営され、九州から来た女性や那覇市辻にあった遊廓の女性たちの一部、それに「料理屋」の女性たちが日本軍将兵の性の相手をさせられました。慰安所は軍が直接造ったものもありますが、多くが民家や集落の事務所などが接収されて利用されたものでした。

七月に入るとサイパンが米軍に占領されたため、次は沖縄が危ないと、九月にかけて中国から大量の日本軍が沖縄に移動してきました。それによって、沖縄の女性たちへのレイプ事件も多発しました。辻遊廓には日本軍の将校たちが殺到し、女性をめぐって軍人同士のケンカが後を絶たなかったといいます。それに嫌気をさして廃業する遊廓も出てきましたが、軍隊が増えたことで「慰安婦」を補充する必要があり、日本軍幹部の一人は辻遊廓にやってきて日本刀を振りかざし、廃業禁止と女性たちに「慰安婦」になるよう命じました。辻遊廓は一〇月一〇日の那覇空襲で壊滅したため、約五〇〇人の女性が慰安所に送られます。

＊慰安所は日本軍が管理

沖縄の女性だけでは足りなかったのか、その後朝鮮半島からも大勢の女性たちが日本軍の輸送船で連れてこられ、県内の慰安所に配置されました。これまで女性グループが調べた慰安所は、延べ一四五カ所あったことがわかっており、各地に設置された慰安所の前には、数百人の兵隊たちが順番を待って列を作っていたといいます。

「慰安婦」の一人、ペ・ポンギさんも「南の島に行けば儲かる仕事がある」とだまされて渡嘉敷島に送られ、六人の朝鮮人女性たちとともに数百人の将兵の相手をさせられたのです。彼女たちは日本軍によって「キクマル、アキコ、スズラン」などの源氏名がつけられ、本名はほとんどわかっていません。

沖縄駐留の日本軍の残した「陣中日誌」を見てみますと、軍がいかに「慰安婦」を管理していたかがよくわかります。伊江島では、部隊に慰安所造りを命じていますし、第二十四師団（山部隊）、第六十二師団（石部隊）の「陣中日誌」では、兵士、将校など階級ごとに慰安所を利用する時間帯や料金、注意事項などが具体的に書いてあります。何より、住民の目撃情報として、軍が「慰安婦」を連れ歩いていたというたくさんの証言が残されているのです。

米軍上陸後、女性たちは日本軍とともに戦場をさまよい、犠牲になった人も多いと言われていますが、そもそも、何人の女性たちが沖縄に連れてこられたかを含め、その実態は全くわかっていません。日本政府は、「慰安婦」制度に軍は関与しなかったといいますが、機密性の高い軍隊が民間人を連れ歩いたこと自体が問題ですし、沖縄にはたくさんの証拠が残されています。「慰安婦」にされた女性たちの人権と尊厳を守るという意味でも、政府は軍の関与を認め、多くの女性たちに謝罪すべきだと思っています。

参考文献：女たちの戦争と平和資料館『沖縄の日本軍慰安所と米軍の性暴力』

【みやぎ・はるみ　沖縄女性史家】

「まちかんてぃ」キーワードⅡ⑤

回沖縄の離島から

※字が書けない大変さはわからんと思うよ

◆O・Rさん〔女性　一九三五年生まれ〕

孫が夕ご飯を食べにきていた時、「ばあちゃん、テレビばかり見ていないで夜間中学にでも行ったら」と声をかけてくれました。その時は交通事故で手を怪我して、三カ月ほど仕事を休んでいたんです。退屈だったのですが、学校は小学校一年しか行ったことがないし、今さら学校なんて、年も年だしと思っていました。その後、一人暮らしだし、老人ホームを予約しておこうと、役所に電話をしました。老人ホームは予約しておかないと入れないと思っていましたから。役所の人が言うには、今は予約する時代じゃないとか。あんたのようにバリバリと働いている人には、まだ老人ホームは必要がない。それより何か趣味を持つか、字が書けないなら勉強をした方がいいと、後日、珊瑚舎を探してくれて、付き添って来てくれました。

私は「たぶん勉強ができきれないし、字も書けない、他の人に付いていけそうもない」と言ったら、校長先生が「だから勉強するんだよ」と言ったので、やってみようかなと考えました。でも、追いついていけなかったら、どうすると心配したら、先生は「そうなってイヤになったら辞めてもいいよ」と言うので入りました。

宮古島の田舎（城辺《ぐすくべ》）で生まれました。小学校一年の時に兵隊が来て、学校の門から入れなくなり、裏の松の木の下で勉強となりました。それもじきになくなり、学校はそれっきりです。私だけでなく、同級生の多くも学校に行きませんでした。

食べる物がないので、みんな労働力の一人です。母が一三歳の時に亡くなると、父は遊びほうけてジュリ（遊女）に夢中で、私たち姉妹を省みなくなり、下の妹は小さいから叔母の家に、私と姉は親戚の家をあっちこっちと回されました。本当に食べものがない時代ですから、どこの家も大変だったのです。今になれば分かりますが、当時は私たちをイヤなものでも見るような視線が、たまらなかったです。

一三歳の時、宮古を離れ沖縄に来ました。母の妹が外人相手のAサインバー（米軍公認の飲食店・風俗店）をしており、そこの女中になりました。一六歳で軍作業に就きます。本当は二〇歳からですが、友だちが他の人のパスを持っているので、それを使って、ごまかして入ったのです。嘉手納《かでな》で兵舎や米兵の宿舎の建築の手伝いです。鉄筋にコンクリートを流すスラブという作業は、かなりの重労働です。

その後は中国人が経営するプラザハウスのメイドになり、ピカピカの床に靴のまま入ってと言われ、驚きました。冷凍庫も中に牛、豚がそのまま下がっている大きなモノで、すべてにおいてゼイタク、これまでと違う世界でした。

遊びがたたって父は無一文になり、沖縄に出てきました。姉を金がある人と何とか結婚させようとして、その事がとてもイヤでした。義兄になる人に愛情があるとは思えません。その人に「これからは妹だね」と声を掛けられて、「あんたとは兄弟の契りはしない」と。姉さんにも「好きでもない人と結婚するくらいなら、パンパン（進駐軍兵士相手の娼婦）でもした方がましでしょ」と言ってしまい、周囲からヒンシュクでした。

一緒に苦労してきた姉だから、大事にしてくれる人と結婚してほしかったのです。でも姉は結婚し妊娠、悪阻がひどく母体が持たないと、医者に流産を勧められ、結果、義兄に離婚され、やせ細って亡くなりました。だから自分は、絶対結婚しないと決めていました。

そのころ私は、宮古の祖母のところに連れて行っていました。祖母から屋敷の隅に雨風をしのげるぐらいの祠を作ろうと、母のトートーメー（位牌）を風呂敷に包んで持ち歩き、盆暮れには母が島に帰りたいだろうからトートーメーはそこに置いていきなさい、おばぁがいて、かあさんがいて、あんたがいる、そしてあんたの子どもがいる、命はそうやって繋いでいくものだと諭《さと》されました。

もし結婚するなら、自分と同じ様に親の愛情に恵まれず、体一つで働くような人なら、人の情けも分かってくれるだろうと思い、自分で相手を選んで結婚しましたが、人は分からないものです。夫は遊び人で借金を繰り返し、模合《もあい》（沖縄の相互扶助システム）も金だけとって辞めてしまう、二〇〇万円の車を私名義で買ってしまうなど、さんざんでした。

でも、夫を自己破産にしたら苦労するだろう、いつか立ち直るかもしれないと借金を返し続けました。子ども三人を抱えて、アルミ工場、清掃会社と、今も働きづめです。女手一つで子どもを学校にやり、大学まで進ませました。三年前には母と姉のお墓を作り、先祖の供養もし、やるべき事はみんなやりました。後は健康が第一です。

字が書けない大変さは分からんと思うよ。今日の日付を書くのに、何回も人に聞かなきゃならんのだから。

夜間中学は今は楽しい。まだ字もきちんと書けないし、英語など見たこともないし、分からんよ。でもね、先生方は、分からない人に教えるのが楽しいからと、分からない私をよく黒板の前に出すけど、みんな優しい。習字で四の字を書くんだけど、難しい。先生は「まだ二回しか習字をやっていないんだから、それで上手に書けるなら教えることがなくなります」と笑わせてくれます。

今も朝六時から午後三時半まで働いているので、家で勉強する時間がないけど、なんとか同級生に付いていきたいねー。

※勉強した思い出を残すため自動車学校に行きました

◆D・Yさん〔女性　一九三五年生まれ〕

友だちのパーマ屋さんがテレビで夜間中学校の番組を見て、電話番号を控えてくれていました。長いつきあいなので、私が学校に行っていないことを知っていたのです。電話で内容を聞いてみたらと言われたのですが、「無理さぁ」と思いながらも、歩いて通えるので当たってみようと思いました。

母は私が生まれてすぐに亡くなりましたし、父は戦死したそうです。三人兄弟でしたが、もの心がついたころには私一人だけになっていました。伯父、叔母に可愛がられましたが、そこにも八人の子どもがいました。また義理の姉が年子で子どもを五人も産んだので、四歳ぐらいから子守りの手伝いに出ました。手足が動き、力がついてきたら農作業もします。六歳ぐらいからです。一番辛いのは大根や芋を頭に載せて運ぶのですが、縄で編んだ入れ物の先が頭に食い込んで痛いのです。放り出そうにも放り出せず、泣き泣き運びました。六歳でも姉さんに頼りにされていますから、がんばりましたよ。

私が三、四歳のころ、役所から学校に入学する通知がきて、周りの人たちは慌てたようです。あのころは生まれたらすぐ戸籍に入れるという時代ではなかったので、お祖父さんが、金に困らないからといって巳年の生まれにして届けたのだそうです。でも、一度も学校に行くことはなかったのですが……。

義姉の子どもたちの弁当を届けに学校まで行く時があります。窓の外から「ほら弁当だよ」と言って投げ込んでいました。今思うとなぜそんな乱暴なことをしたのか、たぶん自分が学校に通えない悔しさからだったでしょうか。

一番頼りにしていた叔母さんが八重山《やえやま》に移民することになり、ついて行きたかったのですが、叔母さんには五人も子どもがいて無理でした。そのころから生まれ島の宮古島が嫌で、那覇の義兄のところに船で家出をしました。まだ一〇歳にもなっていなかったのに、です。二回は帰されましたが、三回目はあきらめて置いてくれました。

そのころの平和通りはたいそうな繁華街で、住み込みの「子守り」や「女中」募集の札がさがっていました。その一軒で子守りをすることにしました。奥さんはＰＸ（米軍の売店）で働き、旦那さんは大きなカバン店を経営していました。子どもと遊ぶだけで洗濯や炊事はしなくていいのです。礼儀作法も知らないし、言葉も宮古方言でしたが、洋服や靴を買ってくれて、まるでお嬢さんのようでした。

八ドルの給料をもらった時は、どうすればいいのか分からず、「バチが当たるから要りません」と言いました。奥さんは「あんたに給料を払わないと私が罰金を取られるからもらいないさい」と言われました。このころが一番楽しく良い時代でした。

義兄さんが軍の仕事でアメリカに行くことになり、子守りに呼び戻されました。その後、一七歳で二四時間営業の食堂でウエイトレスをしました。昼夜働きましたが、楽しかったです。

子どもができて結婚しました。ただ夫が大変なギャンブル好きで、家にお金を入れないばかりか大きな借金を抱えて苦労しました。荒れると私に殴る蹴るの暴力を振るうので、子どもを連れて宮古島に逃げました。子どもをおいて再婚するようにずいぶん勧められましたが、それだけは子どものために断り続けました。

エンピツをもったことのない私ですが、自慢は車の免許をとったことです。受かるはずもないと思っていましたが、勉強をしたという思い出が残るだけでもいいと、自動車学校に行きました。教本を見ても本当に何ひとつ分かりません。何回受けてもダメでした。

でも、ふり仮名つきの教本があるとわかり、手に入れてからは家に閉じこもって三カ月間かかって、まるまる暗記しました。一〇キロも痩《や》せたんです。何度も息子にテストをしてもらい一〇〇点で合格です。初めは誰も信じませんでした。

勉強はずっとやりたい、学校に行ってみたいと思っていました。もっと早く夜間中学校を知っていたらと思います。体はくたばってきていますが、一〇年かけても卒業します。

息子が過労死で亡くなりました。だから学校に行く時は写真の息子に「母さんを見守っていてね、早く帰るから留守番をよろしく」と語りかけて出てきます。

※地球が動いている　ほんとかね

◆F・Sさん〔女性　一九二六年生まれ〕

珊瑚舎は娘に勧められました。最初は年寄りだし、いまさら勉強なんてしてもと思ったのですが、娘が「家に一人でいるより勉強した方がいい」と言うのです。娘の知り合いの子どもさんが昼の学校に通っていて、とても良かったと珊瑚舎のことを言っていたそうです。「きっと楽しく勉強ができるから」と言われて、重い腰をあげました。

小学校は卒業しました。女四人、男三人の七人兄弟の上から二番目です。父は、女は勉強する必要はないと考える人でした。子どもの教育より、生活第一でしたし、あのころは子どもの人権なんてありませんから、親の言う通りにするものと思っていました。

私は病弱でした。骨と皮だけでひどい貧血だったのです。朝、目をさまして起きようとすると、体が地面に吸い込まれるような感覚に襲われ、無理をすると吐き気がします。夜は咳《せき》が激しかったり、目も悪くて、明るい外を見ることができない時もありました。貧しいギリギリの生活ですから病院に行くこともできませんし、親も薬草を煎じて飲ませるぐらいのことしか頭になかったはずです。

小学校もかなり休みがちでした。あまりに小さく弱いので、二〇歳ぐらいまでは「チャブニ（小さい骨）」と呼ばれていて、名前を呼ばれたことはありません。それがとても嫌でした。

でも病弱とはいえ、家の仕事は山ほどあり、とくに水汲みは辛い仕事でした。小三のころからは、キッコーマン醤油の空き缶で、井戸から家まで何往復もしました。井戸は石の段々を降りて行くのですが、上ってくる時にこぼさないように、ユウナの枝を蓋にして運びました。

畑も、芋はもちろん大豆、麦、粟を作り、豚の世話もします。芋はとくに大切な作物でした。大きな芋は売り、小さなクズ芋を食べるわけですが、皮付きのまま煮てつぶして食べるので、芋皮ばかりでした。一度でいいから買った芋を食べたい、そうすれば皮が少ないだろうと切実に思っていました。三食芋ですからね。畑に行くときは芋と味噌をもっていき、道端に生えている、方言でトッナグというウサギの耳に似た草をおかずにします。宮古島では醤油を使うことはあまりなく、ほとんど味噌でした。まれに祖父が刺身を食べる時も、醤油ではなく酢味噌和えでした。

畑以外では機織《はたおり》をしました。宮古上布《じょうふ》（上等な麻織物）という布を織るのです。年寄りがチョマという草から糸をつくり、薄茶色の糸を洗って真っ白に晒し、藍で染めます。細い細い糸です。最初は一反織るのに二カ月ぐらいかかりました。一センチより小さな田の模様を織っていくのは神経を使い、大変ですが唯一の現金収入です。

二〇歳過ぎまで両親のもとで生活をしました。姉が沖縄本島に住んでいて、お産の手伝いを頼まれました。親は心配しましたが、どうしても行きたかったです。この小さい世界から出てみたかったのです。

姉のところに二カ月ほどいて、那覇の友だちを訪ねたら「ちょうどいい、自分は宮古に帰るから代わりに仕事をしてくれ」と言うのです。下宿のような旅館の賄《まかな》いです。給料は月に五ドルです。安くても、とにかく自活できることがうれしかったです。

ただ姉の夫が金を借りにくるのが嫌でした。ひどい時は二カ月分前借して融通しましたが、一度も返してもらったことはありません。ですから結婚を世話してくれる人がいた時も、その人の性格が一番問題でした。給料は少なくてもいいから、酒を飲んで暴れない人、まじめな人が良かったのです。

会ってみるとまじめな人で、背の高い人でした。私は小さかったので背の高い人があこがれでした。しかし、子どもができませんでした。子どもが欲しい夫に申し訳なく、結婚して三年目で自分から出ました。

故郷の宮古に帰って体調が変わったので、病院に行くと妊娠していると分かりました。でも信じられなくてお腹で子どもが動き始めて、初めて妊娠を実感しました。別れた夫に相談し、復縁をしました。結果四人の子どもに恵まれました。

夜間中学校は楽しい。勉強が楽しくて、入学して本当に良かったです。日本語、算数も好きですが一番好きなのは理科です。想像もしない、考えたこともないことを教えてくれます。昨日は、地球は動いているというのです。今まで毎日太陽が動いていると思っていました。それが反対で地球が動いているというのです。本当かねと思いました。そんなに地球が動いているなら、その上にいる私たちはなぜ逆さまにならないのか分かりません。それが理科の時間で分かってくるのです。びっくりです。勉強が楽しいなんて、七〇年余り知りませんでした。

※何でもやりました　全部力仕事、男仕事です

◆T・Tさん〔女性　一九三二年生まれ〕

夜間中学に入ろうと思ったのは、知り合いがチラシを持ってきてくれたからです。そして東京の夜間中学の映画「こんばんは」も観に行きました。九〇歳を超えた人も生徒にいるとわかり、それならばと思ったのです。というのは、何年も前ですが、新聞に六〇代の人が、大阪の夜間中学校に通っていると載っていたんです。大阪のような大きい街にはそんな学校があるのかと思いました。その人が「学ぶことには年は関係ない」と言っていたのを覚えていました。

私は宮古島で生まれました。五人兄弟でしたが、兄三人は都会に出てしまい、弟は幼くて亡くなり、私一人が親元に残りました。小学校は〝サイタ、サイタ〟と〝サルカニ合戦〟を習った覚えはあるのですが、あとはほとんど覚えていません。中学生になる年ごろにはもう一人前の働き手でしたから。

畑仕事はもちろん、お金が入るとわかれば山の植林や、一袋一〇キロはあるセメント袋を日に数十回もかなり遠いダム建設現場に運び上げました。頭に乗せてです。暑くて暑くて、大変でした。

また男一〇名のユイマール（注）に入り、クワを持って男同様に土地を耕すのです。私が嫁にいったら両親はどうなるのかと、いつも心配していました。ですから結婚も二八歳と遅かったんですが、その分働いて親孝行ができました。

着の身着のまま沖縄島に来て、何でもやりました。全部力仕事、男仕事です。夜中の二時に、多いときは五〇〇キロ相当の魚を八重山から受け取り、一人でトラックに積み込んで、魚連の冷凍室に運び込むのです。早くしないと気の荒い海人《うみんちゅ》（漁師）に「じゃまだ」と魚箱を投げられますから、必死です。

工事現場にも行きましたよ。ビルの基礎工事で型枠にホースでコンクリートを流し込むのですが、ホースは重いし振動が激しいので、自分が振り回されて転んだりもします。体は病むのですが、貧乏に巻かれているので食うためには現場が一番でした。女も何人かいてお互いユンタク（おしゃべり）したりで、それが楽しみでした。

しばらく辛抱して夫とブロック業を始めました。生まれ島から頼ってくる若者五、六人の賄いもしながら、セメントをこねたり、子育てもしました。がんばって車の運転もするようになり、軽貨物も運転しました。若かったからね、何とか耐えられたんです。

夜間中学に入って一カ月近く経ちますが、算数が難しい。黒板を見てやっている時は分かるような気がするのにねぇ。自分でやろうとすると出来ない。先生方は親切に教えてくれるのにすぐ忘れてしまう。努力すればというけど、本当かなぁ。

まさか自分が夜間中学に通うとは……。何かに誘われたような気がします。神様にあんたは頭が悪いから勉強しろと。今までは老人センターに行って体操や三線をするのが楽しみだったけど、ここのクラスはみんな人柄もいいし、通って来るのが楽しみです。これで勉強が出来ればもっと楽しいんですけどね。

（注）ユイマール：ユイ（結い・協働）＋マール（順番）の意で、農作業などで労力交換を行う相互補助のこと。

※ついていけなくてもみんなと一緒に勉強したいんです

◆S・Tさん〔女性　一九三二年生まれ〕

夜間中学校のことを新聞で見ました。主人がこういう学校もあるよと教えてくれました。いいなぁと思ったのですが、小学一年も出ていないし机に座ったこともない自分ですから、ついていけるか不安でした。そもそも学校に通うようなことが自分にあると思えないのです。それでも面接だけでもと主人が電話を調べ、連れてきてくれました。面接の人が、「学校が初めての人も通えますよ」と言ったので、俄然来る気になりました。

宮古島の田舎で生まれました。母の顔も分かりません。母と私の二人暮らしだったとか。畑仕事の無理がたたって亡くなったと後で聞きました。私が三歳にもなっていないころです。海でアサリを採っても必ず近所に配って歩く、優しい人だったそうです。

母方のおじさんに、畑と一緒に引き取られることになりました。おじさんは優しかったのですが、おばさんは厳しい人でした。私は面倒の種だったのです。今考えれば、自分の子どもさえ養いきれないほど子どもがいるところに、さらに増えるわけですから、屋根の下に置いてもらえるだけで感謝しなければいけないと思っています。

食べる物がなく、畑仕事も幼くて出来ない年です。近所の子守りをさせてもらい、何とか食べ物をもらう毎日でした。そんな日々に耐え切れず、別の親戚のおばさんのところに逃げ込みました。連れ戻しに来ましたが、私が泣いておばさんにしがみ付くので、この家に居ることになりました。まだ学校に上がる前の年ですが、水汲みや食事作りの手伝いなど一生懸命しました。

可愛がってくれましたが、学校に行けるはずもありません。年の近い子どもたちが学校から帰って「お母さん、ただいま」という声を聞くと、悲しくなって軒下に立って泣きました。みんなのお蔭で生きているのに、学校に通う同い年の従兄妹がうらやましく、一人ですねたりもしました。一人前に働けるようになると畑仕事を率先してやりました。

一七歳の時、町に出て住み込みの女中になりました。ご主人は定年した校長先生で、奥さんは宮古上布《じょうふ》の藍や糸を売る仕事をしていました。子どもさんは医者で、孫もたくさんいました。食べ物も上等で良くしてもらいました。そんな家庭ですから、自分が学校に行っていないとは一言も口にしませんでした。

三年勤めたころ、知り合いが那覇に行くというのを聞いて、一度でいい那覇を見てみたいと、船賃だけもってポンポン船（蒸気船）に乗りました。

那覇で友だちに会い、女中をしていました。三年後に生まれ島に戻ると、校長先生の奥さんが「生きておったのかぁ。給料もとらんでどうしたかと心配した」と抱きついてくれました。うれしかったですが、また那覇に戻りました。

学校に行ったこともない者が、結婚など出来ないと思っていましたから、嫁にはいかんと決めていました。親しくさせてもらっていた人で、私が姉のように思っていた人の紹介で今の主人と知り合いました。嫁は無理と思っても好きな人はできます。主人は優しそうで好きだったのです。

二三歳で結婚しました。長男が生まれ、子どもが可愛いことを実感しました。自分の母を恨んだりしましたが、母も同じ気持ちだったろうと分かり、泣けました。主人が帰って来て泣いている私をみてびっくりし、事情がわかり「そんなことを考えるんじゃない」と叱られました。私の境遇を詳しく話したわけではありませんが、主人は私が学校に行ったことがなく、何も分からないことを受け止めてくれています。

四人の子どもに恵まれ、全員が大学を卒業するまで二人で働き通しでした。学問がないのでお金を取るには力仕事です。建設の現場でセメントを運んだり、それを練り合わせることや、瓦屋で漆喰をこねて屋根に上ったりの仕事です。きつい仕事ばかりでしたが働くのを嫌だと思ったことはありません。

学校に行っていないというのは恥ずかしいことです。何かにつけ遠慮します。書ける名前も、受付の前に立つと机がガタガタするほど震えます。年賀状も書いてもらってしか出せません。自分で書いてみたいです。恥ずかしいのには慣れていますから、夜間中学では〝素の自分〟を出して頑張ります。数学が苦手なんです。

買い物での計算は出来るのに紙に書くと出来ません。でも、周りのクラスメイトがよく面倒をみてくれて、「これをやらんねぇ」と声をかけてくれます。本当に少しずつですが分かっていくのが楽しいです。

家にいたら疲れてニーブイ（居眠り）するのに、学校では目がしっかりしてニーブイどころではありません。そんな私を見て子どもたちは、「かあちゃん、勉強が好きかもよ」と笑います。音楽で歌うのも、三線を弾くのも好きです。早く習字も挑戦してミミズのような字を直したいと思っています。だからついて行けなくても辞めさせないでくださいね。みんなと一緒に勉強したいんです。

※読み書きができず人の後ろに隠れている　心が痛いです

◆N・Kさん〔女性　一九四一年生まれ〕

離島（粟国島《あぐに》）で七人兄弟の四番目に生まれました。父は病死と言っていますが、戦争中に爆風で飛ばされて一週間意識不明になり、意識は戻ったものの、戦後すぐに亡くなりました。私は七歳でした。長兄は沖縄戦で戦死、母は六人の子どもを一人で育てることになったのです。すぐ下の弟が病気だったので、母と姉は治療費を工面するため、那覇に働きに出ました。次兄が畑で、七歳の私が家の世話をして、下の兄弟の面倒をみていました。

一番辛いのは水汲みでした。庭先にある二つの大きな石甕《いしがめ》を毎日いっぱいにします。大人の足で三〇分かかる山道を、井戸まで何往復もします。木桶をいっぱいにし、揺れて水がこぼれないようにソテツの葉で覆い、頭に乗せて帰ります。友だちと一緒の時はおしゃべりをしながら歩くので、重労働ですが楽しいのです。

みんなが学校に行くようになると一人でするので辛かったです。

雨が降ると大木に綱をはり、タンクに水を溜めます。戦後しばらくすると、島にもコンクリートの水タンクが作られるようになりましたが、私の家では、私が那覇に出てからです。

豆腐を作るための海水とりも大変です。重いというより、海が荒れている日は海水を汲むが怖いのです。ある日、家の前まで運んできたのに疲れて石につまずいて、すべてこぼしてしまったのです。泣き泣き戻りました。

食べるものが少ないから、オカラをとらない豆腐を味噌汁にして食べます。本物の豆腐はお祝い事のときだけに作ります。ソテツの実も食べましたよ。

小学校一年は行ったり行かなかったりで、一〇歳からはすべてやっていました。同級生から、学校に行かないとバカにされることもありましたが、「女は学校なんて行かんでいい、行ってなにする、メシを作れ」と兄に怒鳴られていました。

ある時、知り合いからバレーボールをもらったのです。うれしくて近所の子と夢中になって遊んでいて、夕ご飯を作り忘れました。畑から帰った兄がすごく怒り、そのバレーボールを遊んでいた子どもの数に切り裂いてしまったのです。

一度も口答えしたことのない私でしたが、この時は「精神がわるいさぁー」と言ってしまい、したたか殴られました。

兄は責任があったから厳しかったのだと思います。後になって、あの時は……と笑い話をします。今は優しいですよ。

一五歳の時、今度は私が那覇に出て、母が島に戻りました。親戚の子守りを始め、住み込みで少しでも給料が高いと聞けばそっちに移り、転々と職を変えました。仕事の合間が一、二時間あると、集金でも何でも用事をもらい、常に二つ以上の仕事をしていました。そして同じく那覇で働く兄弟たちが、給料を酒代に使う前に集めて島の母に送るのです。私は給料をそのまま送り、用事でもらうわずかなビーセン（駄賃）を小遣いにしました。

どうしても必要な読み書きは人に頼んでいました。結婚の時も、相手に迷惑をかけてはと、自分から学校に行っていないことを打ち明けました。夫は「勉強だけが人生じゃない」と言ってくれて、その一言で決心がつきました。

子どもが大きくなると婦人会、ＰＴＡなどの活動が増えます。お手伝いをしたいのですが読み書きができないので、人の後からついて行くしかないのです。

いつも人の後ろに隠れているのです。心が痛いですよ。

子どもが新聞を読んで、「母さん、こんなのあるよぅ」と言ってくれました。小学校も出ていないのに中学校に入れるわけないさぁ、と考えていました。子どもが問い合わせるとイイというので、これはチャンスと来ました。子どもの方が入学できるか心配して、親のようでした。夜間中学は勉強が大変で、分からないところもありますが、苦しいということはありません。これくらい恥をかいたら、もうかく恥はないから、とにかくがんばりたいですね。

だって楽しいんですから……。

※家族全員が次々にマラリアにかかりました

◆K・Kさん〔女性　一九三三年生まれ〕

石垣島に住んでいました。小学校には入学はしましたが、ほとんど通えませんでした。母が病弱でヤギ、ブタを飼っていましたし、水汲みも大変な仕事でした。

戦争が始まり、父は兵隊にとられ、その後、空襲で壕の中で即死したと聞きました。空襲が激しくなり、母、祖母、兄、私、妹三人で、バンナ岳の山に逃げました。幸い山の中に小屋と畑を持っていたからです。でもその畑の芋も、夜になると兵隊がとりにきて、私らの食べるものはほとんどありません。あったのは水だけです。山ですから水だけはあまるほどありました。

家族全員が栄養失調になり、次々にマラリアにかかりました。とくに母は体が弱かったせいもあり、一番先に死んでしまいました。マラリアは毎日同じ時刻に高熱を発し、ぶるぶる震えだします。ひどくなると目が黄色くなり、顔と腹が膨らみ、その後は骨だけになるのです。

終戦の時、数えで一三歳になっていました。祖母の実家が酒屋で、そこにもらわれていきました。大きな家で女中が何人もいました。買われてきたのです。

ある日、私のことが話題になり、いつが年季明けなのかと問われたら、叔母さんが「この子は嫁に行くまで」と答えたのを覚えています。

そうなのかと観念していましたが、叔母さんが亡くなり、この家の子どもとケンカをして飛び出してしまいました。五年間いました。島は狭いので、どこの子どもでどんな環境かが分かっているので、豆腐を売り歩いても、みんなよく買ってくれました。

一八歳で親戚の叔母さんをたよって那覇に出ました。厳しい人でした。酒屋の時は精神的な苦労はありませんでしたが、ここでは座り方、ごはんの食べ方、掃除の仕方など、さまざまなことを躾けられました。掃除などは「終わりました」と言うと、必ず指でこすって確かめられます。ほめられたことは一度もありません。

商売のイロハも教わりました。学校を出ていない私が今、夜間中学の授業に何とかついていけるのは、この時にお金の計算を仕込まれたお蔭です。

晴れた日は染物です。大鍋に湯をわかして染料を入れ、叔母さんの指示で漬け込んだ時間を計りながら、引き上げ、浸すを繰り返し、最後に酢と塩を入れて色止めをします。

雨の日はミシンで下駄の鼻緒作りです。布団も作れます。自由になるお金は一円もなく、必要なお金はお風呂代がいくらと、そのつどもらっていました。この叔母さんの元で一〇年間勤めました。お金は全部貯めておいてくれましたので、それを元手に自分で商売を始められたのです。感謝しています。

最初は野菜、果物売りからです。でも沖縄の強い太陽のもとでは大変で、雑貨を売るようになりました。アメリカ兵も買いにきます。商売ですから英語ができないなんて言っていられません。一はワン、二はツゥと覚え、スモールやビッグと少しずつ覚えました。数字は万国同じなので、なんくるないさー（なんとかなる）精神でやってきました。

授業に英語があると分かっていたら、もっとやっておけばよかったと思います。その時は英語を「宝」とは考えていなかったです。

夜間中学に入ったのは、仲間うちで話していた時、テレビで見た学校のことを持ち出したのがきっかけです。内地のことですが、朝鮮の人が学校に通い、新聞が読めるようになったというものです。「こんな学校があったら自分も通いたい」と言うと、「あるよ！」と言うのです。いざとなると今さら学校に行っても恥をかくだけだし、目がぐるぐるするから止めようと思ったのですが、カナダから来ていた友だちが、まずは見学をしようと誘うので来てみました。ちょうど算数の時間でした。ためしに参加してみたら、私でもこれだったら出来ると感じました。

四月に入ってしばらくは、疲れて頭が痛かったです。

級友には小学校を卒業している人もいるので、私はついていけなくなるかもしれないと、一日も休んだことはありませんし、復習もします。

アルファベットは無理と思ったのですが、いつの間にかＡＢＣも書けるようになったし、発音もできるようになりました。

辞書も買いました。自分用というのは恥ずかしいので、書店に行って「孫に教えたいから一年から六年まで使える辞書はないか」と相談して買ったのですが、むずかしくて使いきれません。楽しいのはやっぱり算数です。みんなと肩を並べてやるのがいいです。

八重山はずいぶん変わったそうです。北海道も東京にも行ったことがありますが、一八歳で出て以来、生まれ島の石垣島には一度も帰ったことがありません。自分の島なのにホテルに泊まるなんて考えられないです。

コラム

離島苦＝シマチャビ

大田　静男

月の夜はサンゴの道が白く輝き、道の四ツ角には涼をとるため、人々が集まり、蚊をクバの扇で追っ払いながら、遅くまでユンタクをしていた。遠くからは三線の音が聞こえ、フクギの実をかじるコウモリが飛び交った。やがて人々が帰ると、潮騒の音だけが聞こえて来る。島は太古の眠りにつく。少年の日の思い出である。

一九七二年の沖縄施政権返還を前に、西表島網取集落を訪ねたことがある。

石垣港から白浜港まで四時間、白浜港から網取集落まで一時間。今では考えられないことだ。サバニ（小型漁船）は砂浜にのしあげる。桟橋などない。電気は午後六時から一〇時までは点灯する。あとはランプである。

猪を捕獲したら、集落全員（とはいっても四〇人そこそこだが）に猪鍋をふるまった。各人は握り飯と茶碗を持ってその家に行き御馳走になる。集落全員が家族という感じだ。

でも、シケが続くと大変だ。サバ崎という荒波の難所があり、サバニが出せないので生活物資が不足する。すると、山を越えて遠い、船浮港に避難している漁船から、缶詰や煙草等を買いもとめて、海に腰まで浸かりながら帰って来るのである。まるで、江戸時代の生活である。

そんな光景は石垣島でもみられた。田を耕すのに木鍬が使用され、カノーシという鉄製の先の尖った箆《へら》の一種で、大きいイモだけを掘り、蔓はまた埋め戻しておく。シンメー鍋（大鍋）に芋を入れ、イモの上には豚と人間が食するソーギナー（フダンソウ）を被せて炊いた。薪は山からとってくる。水は遠い井戸から汲んで来て水甕《かめ》を満たす。肩に食い込んだ天秤棒の重さと、桶のバランスを崩すと水がこぼれ踵に桶が当たる。その痛さは今も忘れられない。

これを考えると、女性や子どもの生活がいかに重労働であったかがわかる。

現代は、栓をひねれば蛇口やガスコンロから水や火が出る。「むかしわねー」と、子どもや孫に説明するのが大変だ。

母や姉たちの時代はもっと苛酷であった。母は新婚わずか一、二年、姉が誕生して幸せの絶頂期に夫を事故で亡くした。そこから親娘の人生が大きく狂う。姉を島の祖父母に預け、台湾で仕事をして仕送りをする。なぜかザガ（ハツカネズミ）が鳴けば、近日中に台湾から送金があると祖母は喜んだと言う。

戦時中、疎開した台湾でも、空襲は激しく、あちらこちら逃げ回り、着物を売り、糊口を凌いだ。

戦後、台湾から引き揚げ、母は日雇いや女学校時代に習った和裁、台湾時代にミシンを買って習った洋裁、日雇の赤貧生活。姉は叔母の世話をしていたが、やがては職を求めて沖縄本島へ。メイドの時、庭に捨てられていた「リーダーズダイジェスト」をめくり、こんな夢のような世界もあるのかと驚いたと言う。やがて、姉は米人と結婚して米国へ。

さて戦後、家族を失った家庭は貧困に見舞われ、子どもたちは勉強どころではなかった。

貧困家庭には進学するカネなどない。たいした仕事もないため現金収入も少ない。シマチャビの現実の壁が立ち塞がる。

あふれた棄民たちは基地建設で景気に沸く沖縄本島へ流れていく。流れた先は差別と偏見、苛酷な労働である。

宮古・八重山では人身売買が行われ、男はウミンチューに、女はバーや料亭に親の借金の肩代わりに売られて行った。あまりの辛さに逃げても、ゴローと呼ばれたゴロツキどもが、親たちを脅しカネを巻きあげた。

文字も書けない姉妹が、春をひさいで送金したカネで大学を出た兄弟が、そんな姉妹を軽蔑する。残酷物語は多く聞く。でもそんな話は島ではタブーだ。

外の世界を知った者にとって、島の社会は狭くて窮屈だ。でも、島から出たら、厳しい現実が待っている。

自ら艱難《かんなん》な道を切り拓くしかない。

それを実践している人びとに頭が下がる。

学びに齢はない。老の学びは光り輝く。

本書は沖縄の裏面を照射する。

【おおた・しずお　八重山研究者】

◎南洋群島、海外から

※前方は大きな岬、いわゆるバンザイクリフです

◆M・Yさん〔男性　一九三五年生まれ〕

小学校は卒業しています。中学は途中で辞めました。今になって高校に進みたいと考えていた矢先に、知り合いが夜間中学に通っていると聞き、それならば自分も基礎から勉強しようと、入学を決めました。

九歳の時までサイパンにいました。戦争が始まる前はのどかな土地で、土もよく肥えていて芋はもちろんですが、かぼちゃ、まめ、すいかなどほとんどの作物が採れました。バナナ、パンギ（パンの木）、タピオカもよく食べました。両親と祖父母はサトウキビを作っていましたが、半農半漁で魚も豊富でした。

学校に兵隊が戦争のフィルムを持ってきて、夜になると上映会を開いていたので、戦争の様子は知っていましたが、あのころのことですから〝勝った、勝った〟のニュースでした。そのうちに学校は歩兵師団に接収され、山の中の広場で先生が勉強を教えるようになりました。チャッチャ尋常小学校といい、一二〇名ぐらいの生徒がいました。

米軍の艦船が島をぐるり取り囲むようになり、学校どころではありません。両親、祖父母、兄弟四人で山に逃げ、夜になるとアンマク（ヤシガニ）を捕り、飢えをしのぎました。それは貴重な蛋白源です。

米軍は一カ所を艦砲射撃で集中的に攻撃し、叩き尽くして日本人がいなくなると、上陸してきます。山の中にも逃げ出した兵隊が押し寄せるようになりました。日本軍が配備された最初のころに、いざという時の兵隊用の緊急食糧が、一般家庭の倉庫にしまわれていました。乾パンや缶詰などが幾ケースも運び込まれたのです。その食糧を民間人も取り合って、あっというまに食べつくした後は、米軍に追われるように前に前にと逃げるしかありませんでした。

前方は大きな岩が連なる岬、いわゆるバンザイクリフ（注）です。私たちは、いっしょにいた祖父の機知《きち》で生き延びたと言ってもいいと思います。祖父は昔、中国やソ連との戦争経験があり、「敵の前を逃げたらダメだ、何としても敵の横か背後に逃げなければならない」と言い、ある家族とともに敵が追いかける横に回り込んで、山に潜んでいました。

多くの人々は前へ前へと逃げて、悲惨な亡くなり方をしてしまったのです。

拡声器で「戦争は終わった、日本人は出てくるように」と放送があり、木のつるを伝って降りて、捕虜になりました。初めて間近に米兵を見て、びっくりしました。目の色が違う、背が高い、銃の掛け方も日本軍とは反対でした。

有刺鉄線で囲まれた収容所に入れられ、見たこともない缶詰や果物が配給になりました。鉄線の向こうから、米兵がお菓子をくれます。私たち子どもは争って「ギブミー、ギブミー」と叫んで、菓子を取り合いました。米兵はその子どもたちの姿を見て楽しんでいるんじゃないかと感じ、悔しかったです。

米軍の装備は日本と天と地の違いがありました。戦車の大きさ、海上トラックのすごさ。数においても比べものになりません。こんなに物資の豊かな国とよく戦争をしたものだと、子ども心にも思いました。祖父母は亡くなりましたが、家族六名は傷一つ受けませんでした。

しばらくして船で、沖縄の泡瀬《あわせ》に帰り着きました。母が真和志《まわし》の出身でした。戦争直後は真和志の人々は、今のひめゆりの塔のあたりにおり、私たち一家もそこに移りました。沖縄に着いて印象的だったのが、壊れた家の屋根が瓦だったこと。土が畑を掘り起こしたかのような塊、粘土質だったことです。サイパンは屋根はトタンで、土は手で触るとホロホロほぐれるような軟らかさでした。

小学三年の教室に入り、そして中学に進んだのですが、イジメにあい、親に怒られたものの次第に学校から遠のいてしまいました。今になって学問を途中で辞めたことを悔いています。

新聞がすらすら読めるようになりたい。英語ができるようになり、アメリカ人と対等に話せるようになりたいですね。授業は今はやさしいですが、そのうち難しくなるから基礎をきちんと身につけ、いずれ高校に進みたいと思っています。

サイパンに住んでいた人たちで「南洋帰還者会」を作っており、毎年六月一日には飛行機をチャーターして慰霊祭を行っています。

それも次第に老齢化で人数が少なくなっていますが、自分の生まれた土地と歴史を、子や孫に教えていこうと考えています。

（注）**バンザイクリフ**：一九四四年七月、サイパン島陥落時に、日本人住民が「天皇陛下、万歳」と叫びながら海に身を投げた最北端の断崖。

※あんたその薬で死ぬつもりでしょ

◆O・Tさん〔女性　一九三六年生まれ〕

知り合いに会ったら、「あんた学校を終わっているねー」と聞かれて、「いやー」と言ったら、いいところがあるから一緒に行こうと、連れてこられたのが珊瑚舎です。

終戦直後に、母が病気で亡くなりました。その後、父は再婚を繰り返し、新しい母がくるものの、連れ子がいるし、父との間でいさかいが絶えず、家庭らしい時はありませんでした。

兄姉はすでに家を出ており、五歳の甥の面倒から家事全般が私の仕事でした。小学校は何回か通いましたが、紙もエンピツもなく父親は何にもしてくれないので、学校の塵箱を漁って、小さなエンピツを拾って使うありさまでした。

一七歳から女中や子守りをし、今のハーバービューホテルのところにあった軍でも働きました。ハウスメイドもしました。その家庭で殺鼠剤《さっそざい》を盗み、常に持ち歩いていました。学問はないし、守ってくれる家族もないし、義理の母からの嫌がらせが続き、生きることに希望が持てなかったのです。いつ死んでもいいと思っていました。ある叔母さんに、「あんたその薬で死ぬつもりでしょ、でもね、人間いつか立ち上がる時があるからね」と声をかけられて、涙が流れました。

二〇歳で主人と出会い、向こうの親からは反対されましたが結婚しました。けんかしても殺されても離婚はしないと決めてのことです。貧乏は相変わらず、服もボロのままです。主人は「若いときの苦労はしかたがない、年取ったらあんたの好きなようにさせるから」と言ってくれました。四人の子どもができ、学問のない自分たちのような苦労はさせたくない、大学まで行かそうと思って、二人で昼夜働きましたが、経済的には厳しいものでした。

そんな時、カナダへの移民の話がありました。ある程度のお金がないとカナダ政府は引き受けないそうです。姉の夫がカナダ人で、この人が骨を折ってくれて、当時で四〇〇万という大金の証明書を取ってくれました。四〇歳からは移民できる基準が厳しくなるというので、三九歳でカナダに行きました。

亡くなった母が助けてくれるのでしょうか、ギリギリのところに来ると運を呼び込む力があるようです。亡くなってから母への陰膳を欠かさなかったからでしょうか。主人は材木関係の仕事、私は漁業関係の仕事につきました。日本語の読み書きも出来ないし、英語のスペルだってもちろん分かりません。仕事を探し回りました。

そんな時、ある会社を訪ねたら、ナンバー3の人が日系人で、雇ってくれました。主にサーモンを三枚に下ろす仕事です。英語は、毎日の仕事に必要な言葉だけですが自然と身につきます。

びっくりしたのは、この会社の社長のことです。カナダでもかなり名の通った会社で、従業員は一〇〇人を超える会社です。魚をさばくテーブルが白人用に出来ているので、背の小さい私には合わないのです。それを見た社長が私専用のテーブルを作ってくれたのです。しかも社長自ら、魚のさばき方を手をとって教えてくれました。サーモン、ひらめなどのさばき方は、すべてこの人から教わりました。

給料もいいし、定年まで二五年働いてリタイアしました。リタイアする時、感謝の気持ちを伝えようと、主人と朝三時から起きて、かまぼこ、握り寿司などのオードブルを作り、会社に届けました。その時は息子さんが社長でしたが、「いつでも戻っておいで」と大きな花束を贈ってくださいました。人との運に恵まれているんでしょう。子どもたちもアルバイトをしながら、みんな大学まで行きました。

カナダにいた時、ＮＨＫの番組で大阪の夜間中学校のことをやっていました。行きたいなぁと思っていたら、沖縄にあったんです。半年はカナダ、残りの半年は沖縄暮らしの私を、受け入れてくれたことをありがたいと感じています。主人も半年離れていても、「勉強のためならいい、好きなだけやったらいい」と応援してくれます。今が一番幸せです。

勉強はクラスでやると分かったつもりになるけど、家で一人でやると分からなくて情けなくなります。昨日も校長先生から、珊瑚舎の漢字を教えてもらいました。二年も通っているのに、間違って覚えていたんです。もっと若ければ、せめて六五歳ぐらいならと思いますが、分かったときのうれしさは格別です。もっと大勢の人がこの学校に来るといいのに。学問をしていないのがはずかしいのか、こういう学校があるのを知らないからなのか、残念です。

※砲弾の破片が二つ、まだ胸の中にあります

◆Ｕ・Ｙさん〔女性　一九三三年生まれ〕

ここは次女が探してくれました。いつも「勉強をしたい、したい」と言っていたので、娘が「母さん、そんなに学校に行きたいの」と聞くので、「行きたい、行きたいさ」と答えると、しばらくして星野先生とい

う方がやっている学校があると教えてくれました。もっと早く分かっていたらと思うけど、今が自分の時かもしれないとも思います。

南洋のトラック島で暮らしていました。トラック島は小さな島がいくつも点在しています。父はその島々を回る客船を運航しており、女中さんが二人、人夫が六人もおり、不自由のない生活をしていました。学校も小学三年生までは通っています。勉強は大好きでした。誰よりも早く学校に行き、一人で文章を書いて、いつかは物書きになりたいと夢がありました。

昭和一九年、戦争が激しくなり父は兵隊にとられ、女と子どもは引き揚げと決まり、妊娠中の母、私、妹七歳、弟二歳で船に乗りました。途中サイパンを過ぎるころから米軍の銃撃が激しくなり、船の中で何人もが亡くなるのを見ました。船はまず神戸に到着し、その後、夜をぬって航行しながら沖縄にたどり着きました。

寒かったのを覚えています。与那原に住みましたが、食べるものはまったくなく、母が妊娠していたこともあり、一家の食事の面倒は私の役目でした。草の新芽を探し回り、海岸で小さな貝を拾っておつゆを作るなどしました。

艦砲が頻繁になり、大里から南部の方に移る途中、壕に入ろうとしたら日本兵が小さな弟を見て、私ら一家に銃を突き付けて、「出ていけ、子どもは入るんじゃない」とすごい剣幕で怒鳴りあげるのです。どうしようもなく南部へ、南部へと向かいましたが、今の平和祈念公園の近くで、沖縄の兵隊が「そっちは行くんじゃない、激戦地だ、引き返せ」と、声をからして声をかけてきました。その声がなければ、今は生きていないはずです。

二歳の弟は栄養失調で亡くなりました。母も怪我、私も撃たれて左鎖骨下の骨が飛び出て、その傷跡が今も残っていますし、砲弾の破片が二つ、まだ胸の中にあります。収容されて、イモ畑にテントを張った野戦病院で治療を受けました。

この時に親子離れ離れになり、二年ほど孤児院で暮らしました。しばらくして読谷の人が私をもらいたいという話が出ました。ごはんがあり、おかずに鶏肉もあったのでびっくりです。ただ親が見つかったらどうしようと不安でしたが、その時はちゃんと親元に帰してくれるというので、お世話になりました。シーツで服を作ってもらったりして可愛がられ、その後、今に至るまでつきあいがあります。あの時代に世話をしてもらったことに、人のありがたさを深く感じます。

ある日、屋慶名《やけな》の小学校の運動会に出ていたら、頭をコツンとたたく人がいます。気のせいかと思うとまたコツン、「誰ねー」と手を振り払うと、父でした。父は何日もあちこちを探し回ったそうです。家からかなり離れているこの土地まで探してくれたのです。

その後、何年かして、あの読谷の家族と連絡がとれ、養われたお礼を言いに行きました。大工さんでした。おじさんが、「もっと大きくなっているかと思った」と笑っていましたが、当時は朝早くから一斗缶で一二回の水汲み、昼は草刈り、夕方はもう一度一二回の水汲みでは、重たいものばかりを背負い、身長が伸びるはずもありません。

その後、波の上の軍作業所で清掃の仕事、ハウスメイドなどの仕事を重ねました。二五歳で結婚し、商売を始めました。串団子屋です。沖縄で初めてというので、琉球新報やラジオ沖縄に取り上げられたりもして、朝三時過ぎに起きて準備をし、五時から焼き始めるのです。沖縄が日本に復帰して海洋博ぐらいまでは何とか商売になりました。子どもは女三人、男一人の四人です。

私は学校こそ出ていませんが、人は生きているうちは一生勉強、努力が一番と身に染みて分かっているので、子どもたちも親の背中を見て育つではありませんが、よく育ってくれました。それでも学歴がないということは経済的に大変です。

一度、役所の援護課に戦争の怪我などの補償のことで相談に行きましたが、「今あんたは元気だから何の補償もない」と言われ、「涙もないのか」と怒鳴ると、「ない」の一言。トラック島での生活はなぜ失われたのかと思うと、怒りがこみ上げます。

学校は最高。一番好きなのは数学です。おかしなもので、小学生の時に父から教わった九九が、ここに来て掛け算、割り算を習ったら頭から出てきたんです。びっくりです。勤め先で習った英語も発音がいくらか残っていたんですよ。ゴミ箱の雑誌を拾って勉強してきた漢字ノートも、三冊になり役だっています。今、日本語の時間にレオ・レオニの絵本『スイミー』を勉強しています。読めば読むほど自分にあてはまります。同級生は同じ境遇なので、ありがたい存在です。

つい最近、昭和一三年生まれの妹を亡くし、力をなくしていました。ある同級生が、「今までずっと他人のことばかり考え、面倒をみてきた人生なんだから、今は自分のことを考えなさい」と言ってくれて、ありがたい一言でした。孫が外国旅行に誘ってくれたりしますが、今の私にはまず学校です。

※九歳の時、サイパンが玉砕して家族が亡くなりました

◆S・Kさん〈男性　一九三四年生まれ〉

夜間中学はテレビや新聞で知っていました。今でも切り抜きを持っています。三、四年ほど行こうかどうしようか迷っていましたが、次女が「あれこれ悩むんなら行った方がいいよ」と手続きしてくれました。

両親、兄弟五人の七人家族で、私は次男です。サイパンに住んでいました。妹が肺炎で亡くなり、母が遺骨を沖縄に持ち帰ることになりました。母について私も沖縄に来ました。納骨がすんだ時、祖父母は「私たちは二人っきりで寂しいから、次男のこの子を沖縄に置いていってほしい、あんたは若いから戻ってたくさん産みなさい」と、母に持ちかけたそうです。

母は私を連れて帰ろうとしたのですが、私は遊んでくれる従兄がいて楽しかったので出かけてしまい、母は船の出港ギリギリまで待ってくれたそうですが間に合わず、サイパンに戻っていきました。これが母を見た最後になりました。私は五歳でした。

昭和一九年、私が九歳の時、サイパンが玉砕したと知りました。でも家族が全員亡くなったという実感はなかなか持てませんでした。元日本兵の横井庄一さんとか小野田寛郎さんが現れた時などは、もしかしてと淡い期待を持ったこともあります。

南洋墓参団に参加してサイパンを訪れ、「あんたのお父さん、お母さんはあの辺りで」と聞き、やっと納得しました。祖父母の申し入れで私は生き延びることになり、家の跡継ぎも途絶えなかったことになります。

昭和二〇年になり、沖縄も戦争が激しくなり、祖母と親戚らと一緒にやんばるに逃げました。川上ダムの辺りです。東海岸を行くのですが、石川辺りでは護郷隊《ごきょうたい》と言ったと思いますが、一中、二中、師範学校の生徒たちが、疎開する人たちの通行を守ってくれました。

食べるものがなく、山を越えて野イチゴを探したり、クービ（和名：ツルグミ）を口にしたりしました。クービは中身だけを食べるといいのですが、腹が減っているので皮や種もつい食べて、ひどい便秘に悩まされました。芋は他人の畑のものですし、子どもと女だけですからそうそう盗むわけにもいきません。

死んだ人も見ました。餓死の人もいました。でもその悲惨さは、南部に逃げた人の比ではありません。宜野座《ぎのざ》の収容所に一年半ほどいて、字《あざ》に戻りました。

ちょうど新制中学が出来るころで、一年ほど待って中学に入りました。ただ祖父母が年老いており、自分が手助けしないとやっていけないと分かる年になっていました。先生が学校に通わせるように説得に来てくれました。

出来ることなら祖父母もそうしたかったと思います。先生が帰った後、オジィが「三人一緒に食べないでおこうかねぇ」とつぶやいていたことを覚えています。中一の後期で学校を辞めました。祖父母に代わって畑仕事をしました。オバァは一八歳の時に亡くなりました。実の子どものように可愛がってもらったのですが、何の恩返しも出来ないままです。

その後、二〇歳ぐらいで軍作業に出ました。重機、クレーンの運転手の助手になり、見よう見まねで仕事を覚え、免許を取りました。建設会社にも勤めましたが、また軍作業に戻り、定年までそこで働きました。那覇桟橋《さんばし》やホワイトビーチの桟橋作りに関わりました。

技術職としては基地内で二番目の地位にまでいきました。学歴のない自分ですからびっくりしましたが、そうしないと給料を上げられないからだそうです。学歴はないのですが、アメリカはきちんと評価してくれます。

でも、途中で終わってしまった勉強のことは、いつも頭にありました。自分で学ぼうともしましたが、なかなか難しいものです。読み書きはある程度できると思っていましたが、この間「きゅうり」を「きうり」と書いていたり、英語も単語だけで文章はまだまだですから、努力して卒業をめざします。妻が車で送り迎えをしてくれていますから、そのためにもしっかり勉強をしたいです。

※産まれたばかりの弟と船に乗り、沖縄に帰ってきました

◆A・Rさん〔女性　一九四〇年生まれ〕

私のお父さんとお母さんは南洋で亡くなりました。お父さんは戦死し、お母さんは弟を産んだ後で亡くなりました。その時私は五歳でした。産まれたばかりの弟と二人船に乗り、沖縄に帰ってきました。

叔父さんが港に迎えに出てくれていました。叔父さんとは、この時初めて会いました。そしてこの叔父さんに、弟と二人面倒をみてもらうことになります。叔父さんが結婚して、子どもが二人出来てからは、四人兄弟として育てられました。

五歳のときから弟の子守りをし、その後は甥も含めて三人の子どもたちの世話をしました。同じ子ども同士ですから大変でした。

何回か学校に入学するようにとの書類が来て、行きたいと強く思いましたが、「だれがこの子たちの面倒を見るの？　あんただよー」と言われ、仕事で忙しい叔父さんを見ていると、口答えが出来ませんでした。

一番年上で女だったから、すべての面倒は私がみることになったのです。それでも勉強がしたくて、弟たちの小学一年、二年の教科書を借りて、ひらがなや漢字を自分で拾って習いましたが、やりきれませんでした。

一七歳のとき、自由になりたくて家を出て働き出しました。でも、字の読み書きが出来ず、うまくいきませんでした。その後、二五歳でお父さんの叔母さん宅に引き取られ、家事を引き受けました。家事のことなら人に負けない自信があります。結婚する時も、最初は学校に行っていないことでバカにされないかねぇと、イヤイヤでした。

でも、そんなことはまったくなく、マチマチ（待ち待ち）していた二人の子どもにも恵まれました。学校に行っていないので、仕事を見つけるのは大変でした。ビルの掃除や保育園の手伝いなどをして働いてきました。

私は新聞も読めません。娘がこの学校のことを新聞で知り「行ってみるかねぇ。まだ間に合うかもよ。行くなら今すぐ連れて行くよ」と言われて、焦って来て入学手続きをしました。

今は毎日楽しいです。漢字はまだ書ききれないですが、算数が好きです。計算が合っていると、私にも出来る！と、うれしくなります。教えてもらって出来ても、それは身についたことにならないので、〇は付けず、△か×にします。自分で答えを出しきれたときが、本当に身についたときと思っています。

※壕に押し込まれて赤い晴れ着を着ていた記憶があります

◆R・Aさん〔女性　一九三八年生まれ〕

この三月の夜間中学の卒業式の様子をテレビで見ました。すぐ飛びこみ、入学を決めました。ずっと高校に行きたいと思っていましたが小学校しか出ていないので、どうしたらいいか悩んでいました。今七三歳です、順調にいって高校に入学する時は七六歳、大丈夫かなとちょっと心配です。

生まれはテニアンです。うろおぼえですが、三〇名ぐらいがウージ（さとうきび）畑の中にある壕の中に押し込まれていて、赤い着物を着ていたような記憶があります。母に聞いたら、アメリカ軍が上陸したので日本人はみんな壕の中に入り、手榴弾《しゅりゅうだん》で自爆しようとしたらしいのですが、二度も不発に終わったそうです。最期というので正月の晴れ着を着せたそうです。赤い着物を着た私を先頭に、父、年寄りの順で出たところ、父は銃弾をあびて死亡。私も左足足首を撃たれ、捕虜になり病院に入れられました。足の遅い母は、父と私の姿を見て逃げたそうですが、娘が捕虜になっていると知り、山から下りて私の元に来てくれました。ですから今でも左右の足の長さが違います。

小学一年になったころ、船で沖縄に戻ってきました。祖母と叔母たち、母と私の五人暮らしでした。中学に入ったころに母が再婚して妹ができ、それまでは学校に通いながらの家事手伝いですんだのですが、これからは家事全般と母の畑仕事を手伝うことになり、次第に学校に行けない日々が続くようになりました。母から女は自分の名前と計算ができれば、学問はいらないと言われていました。

今の農連市場の先にもう一つの市場があり、そこに野菜を売りに行きます。場所とりが一番大変で、元気のよい私は、母の変わりにケンカまでして売り場を確保していました。大きなカマス（ムシロを二つ折りにして作った袋）を担いで行くのも私の役目でした。

一七歳のころからランドリーで働くようになりました。アイロンがけを中心に一五年も勤めました。ベテラン、親分ですよ。

結婚した相手も小学校しか出ていないので学歴は問題になりませんでした。姑からは仕事を良くするし元気もあるので、ユーリキヤー（出来る人）と褒められたりもしたんですよ。

子どもがいなかったので四人の子の里親になり、二人を養子にしました。周りからは、どうして難儀しながら他人の子を育てるのかと言われたりしますが、保育園の遠足、運動会などとっても楽しかったです。

ただ、ＰＴＡや婦人会などで意見を言ったりすることが、まるで出来ないんです。まして役員の話など出ると恐しくてなりません。うまく言えませんが、学校を出ていないヒケメを植えつけられてしまっているのか、字を書く場面などに出合うと頭がまっ白になり、ひらがなすら忘れてしまいます。自分の家だったら話したり、書けることも、他人の前ではヒケメがまずでてしまうのでしょう。それは今も同じです。

ここの入学式はびっくりしました。いつもは時間切れをねらって人の後ろに座るのが常でした。でも今回はみんなの前に座り、一人ひとり名前を呼ばれ挨拶をしなければなりません。慌てましたよ。自分が人の前に立つなんて、ありませんでしたから。

授業は英語が苦手、苦戦しています。算数はついていけます。初めて字の書き方をきちんと教わり、感動しました。きれいに書けるようになるんですね。書けるつもりだった自分の名前を、先生から「違っていますよ」と言われて、見てみると私の書き方では他の字に見えてしまうことに納得します。大きな声で歌うことも気持ちがよくて、コーラスや三線の時間も楽しみです。

入学して思いがけないこともありました。それまでは私に文句を言うことが多かった息子に、嫁が「お母さんの言うことを聞きなさい」と言ってくれるようになったんです。助産師をしている妹も心配して、「かりゆし大学」を紹介してくれたりしたのですが、私は基礎を勉強するところを探していたので、夜間中学が見つかり喜んでいます。

夫は結婚の時に「母をきれいに看てほしい、そうしたらあんたの勝手にしていいよ」と言った約束どおり、応援してくれています。仕事がなければ自分も通いたいと言っています。姑ですか、九二歳で大往生しました。

クラスのみんなとユンタク（おしゃべり）するのも楽しいし、帰りのバスが同じ先輩もいますから、三年間頑張って通います。

※養女に身売りと、私は母から二度裏切られたのです

◆A・Hさん〔女性　一九五一年生まれ〕

珊瑚舎のことはテレビで見ました。六〇代から八〇歳以上の人までも勉強とあったので、自分も何とか出来るのではないかと思ったのです。二〇年来の友だちが教育委員会に聞いてくれて、夜間中学校という名前が分かりました。

台湾生まれです。小学校も出ていません。生まれて二カ月で養女に出されました。親に捨てられたようなものです。隣村の人が、女の子をほしいがだれかいないかと探しに来て、その場で背負われて行きました。

しかし貰われて一年した時、養父母に女の子が誕生しました。それからはその家の子どもというより、単なる働き手でした。四歳ぐらいから田んぼの草抜きをしたのを覚えています。オタマジャクシを捕ってアヒルの餌にしたり、牛の餌の用意など、やることはいくらでもあります。

台湾でも山の方は寒く、霜も降ります。朝五時から働くのは、霜焼けで硬くなった手に辛いものでした。ある日、ガチョウの餌作りのために、夜中に起きて野菜くずを刻んでいたら、目の前にあったランプから被っていたビニールの帽子に火が移り、顔中真っ黒にやけどをしました。ちょうど村に演習で来ていた軍の人が油薬を持っていて、二カ月ほどで直りましたが……。

小学校には一週間通いました。市場にいるはずの養母が学校に来ているんです。前から三番目に座っていましたが、呼び出されて学校はそれっきりです。お母さんの長女に娘が生まれ、その面倒をみるのが役目でした。

養父母のところがあまりにキツイので、一五歳の時に逃げ出しました。月明かりを頼りに歩いていくのです。暗闇が怖いなんてことはありません。捕まらないかとそれだけが心配でした。そのころ初めて水道水を飲み、風呂にも入りました。

しばらくして、実母の手引きでキャバレーで働かされるようになりました。何と私を売って、家を買う金を手に入れたんです。養女に出された時、そしてこの時、母から二度裏切られたのです。

母から逃げたい、ドロ水なんか飲みたくない、だれでもいいから外国へ連れて逃げてほしいと思っていました。パスポートを申請する時も自分の名前が書けません。審査するお姉さんの目の前に座り、字が書けないから何とかしてほしいと、お願いをしてやってもらったんです。

飲み屋で働いている時、沖縄からたびたび来ている人にプロポーズされました。「あんた私を大事にしてくれる?」と聞いたら、「もちろん」と言うので沖縄まで来ました。

でも沖縄に来てからは、人が変わってしまったようになり、働かずに酒は飲む、暴力はふるうで、よく顔を殴られ、一カ月のうち眼帯をかけない日の方が少ない状態でした。その人には連れ子がおり、その娘が「お母さん逃げないと殺されるよ」と言うほどでした。

今は再婚しています。この人がいなかったら学校に来れなかった。自分の名前を書けるようになりたい、勉強がしてみたいと言ったら「分かった、行ったらいいさぁ」と言ってくれ、毎晩、珊瑚舎まで迎えに来てくれます。

今は算数が好きです。まだ日本語がよく分からないので、算数の足し算、引き算の方が楽に出来ます。それでも通い始めて一カ月半で、ひらがなが読めるようになっているのが、自分では一番うれしい。

一〇年前に脳梗塞、三年前に心臓の手術をした後から不眠症になり、ずっと薬を飲んでいました。それが学校に通い始めたら眠れるようになり、薬を服用していません。勉強が出来るようになり、ストレスがなくなったのかも。勉強すると気持ちが若くなると思うよ。

※一番辛かったのは、一五日間で兄弟三人をマラリアで失ったこと

◆I・Sさん〔女性　一九三六年生まれ〕

夜間中学の開校を新聞で知り、娘が電話をしてくれましたが、去年は定員に達してしまったと言われ、一年間待って今年入りました。

私の家族は戦後まで、フィリピンにいました。ミンダナオ島のカテーガンコウチで麻山を持っていて、糸

を作っていました。使用人もいました。ここは日本人町ができるほど移民が多かったです。いい土地で、作物は何でもよく育ちました。パパイアはあの味を覚えているので、沖縄で食べようとは思わないですね。七歳で小学校に入学し、一年生でカタカナ、二年生でひらがな、三年生で漢字を習いました。先生が「『国』という字はきちんと書きなさい、ちょっとでも開いていたら雨が染みて国が滅びますよ」と言ったのを今も覚えています。

でも三年生の初めで、勉強は終わりになりました。学校は日本兵の兵舎になりました。高学年の生徒は工場へ、低学年の私たちは陸稲作りです。ふしぎとよく育ちました。でもイナゴの大群が来て、追い払うのに大変苦労しました。

戦禍が激しくなり学校は閉鎖され、山に逃げました。父が食べ物を探しに、水牛を連れて二、三日も帰って来ないと、殺されたのではないかと心配でした。一番辛かったのは、一五日間で兄弟三人を悪性のマラリアで失ったことです。頭が痛いと泣き叫び、最期は鼻血を出して死にました。その時の両親の顔はいまだに忘れられません。

道端に二歳ぐらいの女の子が蚊帳をかぶって倒れていて、母に「おばちゃん、おにぎりちょうだい」と言うのです。親が亡くなったか、置いてきぼりにされたのでしょう。誰もまともな食糧を持っていませんでした。米軍の宣伝ビラが、飛行機から撒かれるようになりました。兵隊と別れ、山から早く出てくるようにと書いてあったそうです。父は殺されるのは男で、女と子どもは何とか助けてもらえるとみんなを説得し、本人は死ぬ覚悟を決めていたようです。一緒にいた七家族で死ぬ時は一緒にと、全員で白旗を掲げて山からおりました。

収容所に入れられ、大阪を経由して沖縄に戻りました。戻ってまもなく母は貧血がひどく、戦争中の爆弾の破片が、身体に残っていたのが原因で亡くなりました。

中学二年の時、南部から那覇に引っ越しました。その時は新しい母がいました。義母は学校に行くなとは言わないが、行けとも言いません。何となく言い出しかねて行かなくなりました。

義母は元芸者で琴、三味線が出来たので、私を料亭に連れて行きお座敷に出したのですが、お客が「この子はまだ未成年じゃないか」と言い、この一言で救われました。義母は七歳でチーディ（辻町）に身売りされた人だったのです。

一三歳ぐらいからお茶くみでバス会社に働きにでました。その次は映画館です。読み書きは出来ませんでしたが、暗算が得意でキップ売り場を担当するようになりました。父から「くとばじんぢけい。くとばいーやんじねぇ、ついむどしならんどーや（言葉はお金と同じように大切に使いなさい。言い損なったら元に戻せないんだよ）」と教えられましたが、映画館の奥さんも同じ考え方で、言葉遣いを教えてもらいました。

結婚して四人の子どもをもうけました。経営していた会社が倒産して水道が止められ、一年近く湧き水で洗濯するなどの苦労もありましたが、子どもたちは自分で学費を稼いで大学を卒業しました。今は孫もいます。

夜間中学は楽しいですよ。みんな笑顔ですし、和気あいあいで言いたいことが言えます。何だか何十年前からの知り合いのような気がします。英語は右から左に抜けていったままですが、算数は答えが合った時は、本当にうれしいです。

※後年この女の人たちが「従軍慰安婦」だと分かりました

◆T・Mさん〔女性　一九三四年生まれ〕

友だちの友だちが珊瑚舎の夜間中学に入っていると聞きました。高等小学校一、二年を出て新生中学を卒業しましたが、小学校には通っていないので基礎がないんです。それで入学しました。

昭和九年生まれです。乳飲み子の時に母と二人でラサ島（沖大東）に移り住みました。出稼ぎです。リン鉱石の露天掘りの仕事です。島全体がこの肥料会社のものですから、公務員はお巡りさんと測候所の人だけです。

キツイ仕事ですが金になったので、従業員は募集せずとも、従業員の口コミで集まったそうです。物は豊富でした。会社が船で買い付けをして、住民に半値近い安い値段で分けていました。まぐろをはじめ魚はあるし、缶詰もいろいろあり、私の好物は雄鶏のきれいなトサカがラベルになった、鶏の照り焼きでした。鮭缶も色がピンク色の鮭で、あの味はその後ホテルで一度味わっただけです。

学校を卒業した兄が、母を頼ってこの島に来ましたが、一年で二〇センチも背が伸びました。それだけ栄養がよかったのです。豚肉は会社が育てて盆と正月に分けてくれるのです。服やおもちゃはカタログで注文し、今思うと上等な人形を持っていました。

普通は、子どもが学齢期になると送り返されるのですが、私は母と二人だったので、黙認という形で島に残っていました。

一歳から六歳までは預かってくれる人があり、六歳からは学校ではありませんが、大きな会社の体育館があるところに集まって、いろんな遊びをしました。私は大車輪や逆立ちが得意でした。雨の日は仕事が休みですからこの体育館で映画会が開かれます。弁士付きです。「堀部安兵衛」が好きで、今も弁士のセリフを覚えています。

昭和一九年、戦争が始まり、学年でいえば四年生の時に、沖縄に引き揚げました。沖縄では子どもを乗せた大きな船が二隻沈められたと聞き、会社の船も魚雷にやられて物資がなくなり、ラサ島にいたら飢え死にしかありません。漁船一七隻に、私たちと入れ替えに兵隊がいっぱいやって来て、その船で子持ちから優先して強制的に引き揚げです。

沖縄はラサ島より大きな島ですから、どんなところだろうと思っていましたが、母の家がある本部《もとぶ》に着いてショックでした。粗末なわらぶき家で、ラサ島ではハシケ（波止場と本船との間を往復して，旅客・貨物を運ぶ小舟）にうようよいる小魚も売っているのです。生まれた時から物のある暮らしをしていると、物をもらうことが恐いんです。

食べたくない、食べられないと言えない。言うことは大人に口答えすることになります。学校は同級生の体格が小さく、同じ年と思えずに馴染めなく、ラサ島の方言しか話せない（日本語を知らない）ので、行きたくなかったです。

ただ、沖縄島に来て知ったこともあります。私の部落だけではないでしょうが、台風の時は男手のない家をオジィが一軒一軒見回っていましたし、物も等分に分け合います。部落の一軒の家に、南米の親戚からその当時は貴重な豚油を送ってきたことがありました。その時は各家庭からお椀を持ってもらいに来るようオフレが回り、私が貰いにいくと、その家の分がなくなるのではと心配になるほど、どこの家にも分けられました。

ラサ島にいた私は、分けることを、ましてやないに等しいものまでも分け合うということを、知らなかったのです。

また、私は風習の違う所に来たので、あれこれ聞きたがり屋でした。

ある時、大人から「子どもは大人に何でも聞くものではない、物事を聞いて知ろうとするな」と言われました。その時は意味が分からず、聞きたいことがたくさん溜まって困りました。その人が言いたいのは、人にはそれぞれ自分の中で悟る時期がある。それが本当の意味で知る、分かるということなのだと教えてくれたのです。

やがて学校にも通いました。学校の中の一つの部屋は、紫のカーテンが下がり、生徒が入ることは禁じられており、先生方はそこを通る時うやうやしく礼をします。誰がいるんだろう、その部屋から一歩も出ることが出来ないなんて、可愛そうな人だと思っていました。そこには御真影《ごしんえい》（天皇、皇后の写真）があったそうです。

当時はノートもなく、母の用意してくれた糸芭蕉の葉をとじてノートに使っていました。実芭蕉（バナナ）の葉は縦に裂けますが、糸芭蕉は丈夫で、母は字を書くという言い方をせずに「印がつくよ」と言っていました。竹で鉛筆も作ってもらいました。

戦争が激しくなると、この部落にも兵隊が大勢入ってきました。兵隊と一緒に言葉が通じない色の白い女の人たちも来ました。仕事もせず沖縄でいうブラブラしています。ある土曜日の午後、友だちと一緒に帰る途中、兵隊が一列に並んでいます。兵隊はいつでも並んでいるので気にしなかったのですが、先頭の兵隊が家の戸を「開けろ、開けろ」とドンドンと叩いています。私の家では、留守をする時はお茶を用意をして、縁側に出しておいてもダレも飲みに来ないことが多いのに、この家はこんなにたくさん兵隊のお客が並んでいるんだー、と思っただけでした。後年、この女の人たちが朝鮮から連れてこられた「従軍慰安婦」だと分かりました。

戦争も末期になると兵隊の後について山の上に上にと逃げました。グラマン飛行機が頭上を飛んできます。その飛んだコースに海から艦砲射撃がきます。壕の中では、兵隊が赤ちゃんを連れて行った後、その母がただごとでない泣き方をしたり、雨霰のように弾が落ちる中、赤ちゃんを抱いてその中に出て行く母親の姿を、忘れることはありません。壕から出て行くのは死にいくようなものです。兵隊が私たちを守ってくれることはなかったのです。

捕虜になって、ひどいことをすると聞かされていた米兵でしたが、守られたと感じました。その後、自分の部落に帰ってからが恐怖でした。日本の残兵がものをくれと来るのですが、あげるものがないと殺されることがあったからです。

戦後は激しいストレスを感じて、生きていたくないという時期がありました。でも一方で、戦前と戦後で大きく価値観が変わってしまったことに対する教員や大人への不信感の中で、どんなことがあっても変わらないものがあるはず、それを自分で見つけると心に決めていました。

ある日、親子ラジオで永遠のベストセラーはバイブルだと紹介していました。何千年も変わらないもの、これだと思いバイブルを友人からもらい、泡瀬のカトリック教会に通いました。宣教師の言うことには納得いきませんでしたが、この中に分からないもの、探すべきものがあるはずだと勉強しました。

七年経って、ある日分かったのです。呼吸と同じようなものでした。真理などという言葉ではなく、まともなもの、とても簡単なものでした。ウチナー口で言うと「あたいめーぬつうい（当たり前のことをする）」です。これが自分のものになって、どんなことがあっても平気で生きていけると思いました。私は一生懸命というより、真剣さの癖を身につけたのです。

仕事は洋裁学校に通い、一通りのものは習得しましたが、プラザハウスの縫い子になって、恥ずかしかったです。当時のプラザハウスは香港の人が経営していましたが、職人は上海の人でなくてはならないと引き抜いてきた二人がいて、技術の高さはまねできるものではありませんでした。スカートの裾上げ、ボタン付け一つとっても違いました。できないと言葉が通じないので、アイロンが飛んできたくらいです。その甲斐あって、米軍の長官級の人たちの服を縫うようになりました。その一人は日本国憲法の草案に関わった人でした。

結婚は自分で相手を選びました。当時はあまりないことですが、誰に選ばれてもやっていける自信があるなら、自分で選んだ方がよいと考えたのです。

夜間中学は楽しい。英語はアメリカさんを喜ばすためにハードに教えられたので出来ますが、計算は指算、足算でやっていたので、今、基礎から学ぶのはおもしろいですし、日本語の時間も好きです。

コラム

戦時下の南洋群島と沖縄

村上　有慶

「瀕死《ひんし》の琉球」とよばれるほどの経済不況の中、沖縄県の奨励や南洋興発の募集によって、多くの南洋移民が送り出された。一九三七年には、邦人移民は五万八千人に及び、そのうち五八％の三万四千人あまりが沖縄県民であった。沖縄からの移民は、サイパン・テニアン・ロタに二万五七七二人、パラオに四七九九人、ヤップに一四四人、トラックに二三二九人、ポナペに一一四五人、ヤルートに四八人に及んでいる。

島々は、一九四四年には戦場となり、一般邦人の死者は約一万五千人に及んだ。中でも沖縄出身者の死者は、約一万三千人を占めている。サイパンで六二一七人、テニアンで一九三七人、ロタで三六八人、グアムで五八人、ペリリュウーで三四三二人、パラオで九五二人、ヤップで四四人、トラックで四四八人、ポナペで二四九人、クサイエで三七人、ヤルートで三六人の合計一万三七二〇人に及んでいる。それは、沖縄移民の四〇％に及んでおり、沖縄戦での住民戦没率を大きく上回っている。

珊瑚舎スコーレの聞き書き証言には、南洋群島に限らず、台湾・フィリピン移民者も含まれており、より多くの沖縄県民が南洋諸島へと行っていたことをうかがわせる。その多くが、幼児期から義務教育期間に、まともな教育を受けることが出来ないままで過ごし、軍事全面占領下の沖縄で生き抜かなければならなかった、痛苦の歴史的体験が刻まれている。

敗戦から七〇年が過ぎようとする二〇一五年、沖縄では戦場体験者たちの直接の体験証言が困難になってきたことが報じられている。ある意味、自覚的な人格として戦争を体験した世代の証言は終わったと言えるのだろう。

さらに家族兄弟を失い、孤児となって残されてしまった子どもたちの多くが餓死したり、栄養失調で亡くなっていったのだろう。聞き書きの中に、「戦争で亡くなった人も生き残った自分たちも戦争の犠牲者です」と述べている。沖縄での戦場体験以上に、南洋から生きのびた方々の体験は過酷なものであったのだろう。

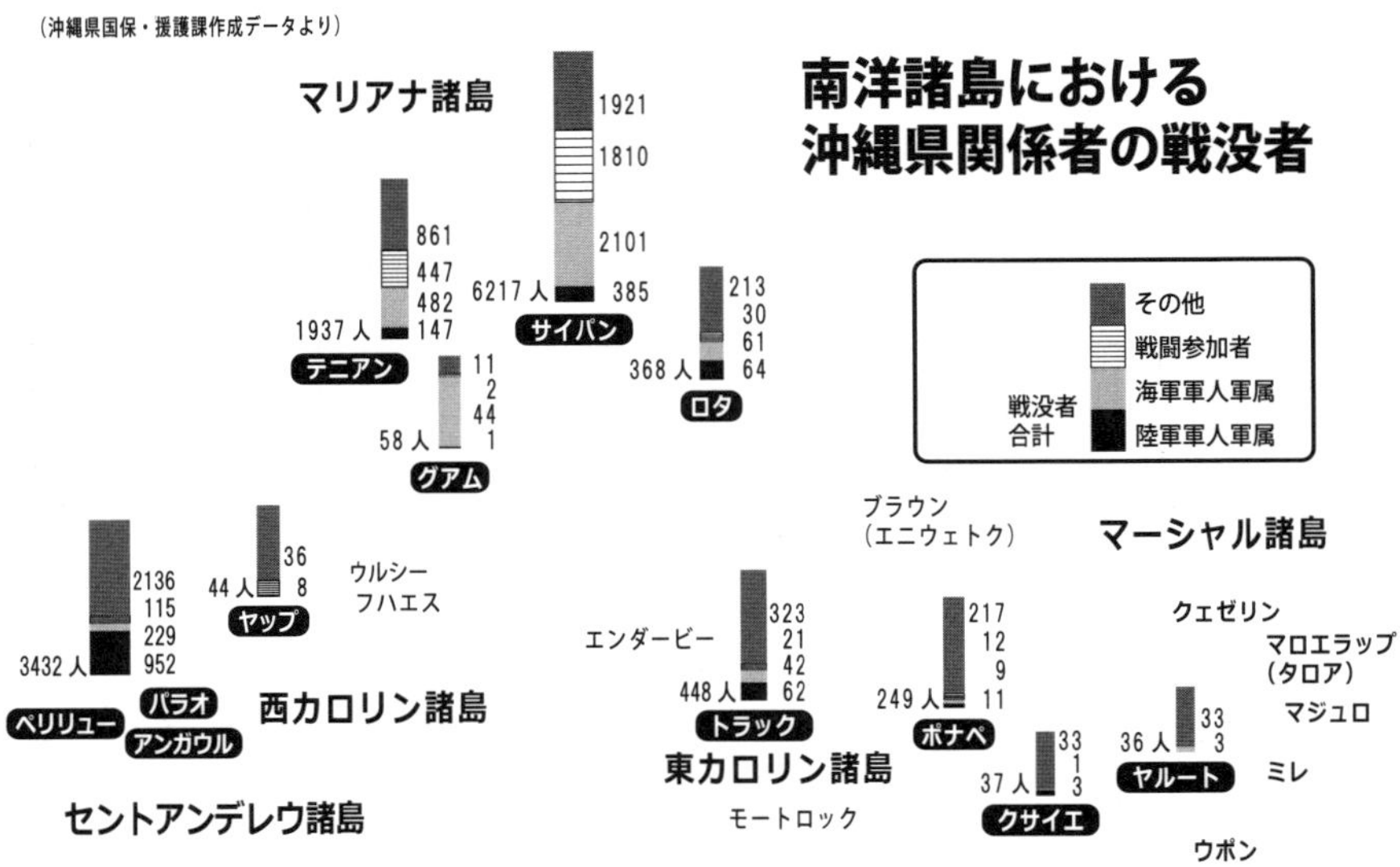

（沖縄県国保・援護課作成データより）

親戚や知人に引き取られても、子守りや農作業に追われ、学校へ通うことはかなわなかった。年を経るにしたがって、資格をとったり夢を描こうと踏み出そうとするたびに、小学校すら卒業していないため、字を書くことすらまともにできない者に、世間の風は冷たいものだったのだろう。

みなさんにはこれから、戦場そのものの悲劇ではなく、戦争が産み出した家族の喪失や教育を奪われた世代の悲しみを、平和に生きる現代の子どもたちに語って欲しい。戦争が終わって、突然平和がやってきたわけではない。ましてや、沖縄は軍事全面占領の継続によって、新たな軍隊の横暴に耐えなければならなかった。

おそらく、その中で、最も重く悲しい思いを過ごされた世代が、みなさんなのでしょう。語ることすら恥ずかしいという負い目を感じておられるのかもしれません。しかし、みなさんが語られたトツトツとした体験は、戦争が産み出した民衆の悲劇を、もっとも端的な形で表現しているものだと感じます。戦後を生きた沖縄県民の多くの共感を得るものと信じます。

【むらかみ・あきよし　沖縄平和ネットワーク】

コラム

遺骨収集――戦没者の行方

具志堅　隆松

＊魂魄の塔

私はこれまで三〇年余りの年月を沖縄戦戦没者の遺骨収集にかかわってきたが、多くの人から受ける質問の一つに「見つかった遺骨はどうなるのですか」というのがある。今回はそのことを中心に話を進めてみたいと思う。

沖縄戦が終結後、米軍の捕虜収容所から解放され故郷の部落に帰った沖縄の住民が最初に行ったことは、屋敷内や畑の中に横たわる戦没者の遺骨やミイラ化した遺体の収容であった。収容された遺骨や遺体は部落のはずれにあるガマなどに集められ、物資もない中で簡素ながらも慰霊の塔を建て、名も知れぬ戦没者たちの御霊を地域の人たちが慰めたのである。

その当時、糸満の摩文仁《まぶに》一帯には那覇市の真和志《まわし》村の住民が集められ、米軍の管理下で収容所生活を送っていた。その真和志村住民の手によって収容された遺骨を納骨した場所が、現在の魂魄の塔である。真和志村村民が立ち退いた後も、同地域から収容された遺骨は魂魄の塔へ納められた。

私が遺骨収集に関わるようになったころには、遺骨は魂魄の塔に納めるということはなく、摩文仁の平和公園の中に「奉賛会事務所」というのがあり、掘り出した遺骨はそこへ届けるようになっていた。

そのようにして集められた遺骨は毎年三月の末に、摩文仁の一番高い所にある国立戦没者墓苑に納骨されるのである。

＊二つの国立戦没者墓苑

この国立戦没者墓苑というのは国内に二つしかない。東京の千鳥ケ淵戦没者墓苑と沖縄の戦没者墓苑である。東京の千鳥ケ淵戦没者墓苑には、東京大空襲の住民犠牲者の遺骨は入れてもらえてない。国立戦没者墓苑というのは、どうやら兵隊のためだけの墓苑のようである。それに対して沖縄の国立戦没者墓苑は、兵隊どころか住民の遺骨の方が多い。これは沖縄戦の犠牲者は、兵隊よりも住民の犠牲が多かったので当然である。

しかし、沖縄の国立戦没者墓苑に兵隊と住民の遺骨が混在している一番の理由は、県民の遺骨収集のやり方にあったのではないだろうか。戦時中、敵のアメリカ兵より怖かったといわれた日本兵の遺骨も分け隔てすることなく一緒に収容したので、住民遺骨と兵隊遺骨が混在する結果となったのである。

このように加害・被害の壁をこえて死者に救いの手を差しのべる行為は、のちに「平和の礎《いしじ》」の建立へとつながる。

沖縄の国立戦没者墓苑には、日本人だけでなくアメリカ兵や朝鮮半島出身者の遺骨も入っていると考えられる。アメリカ兵については、浦添《うらそえ》市在住の高齢者が戦後の遺骨収集作業時に、安波茶《あはちゃ》の山中でアメリカ兵の遺骨を収容したことを証言していた。朝鮮半島出身者については、沖縄で約一万人の行方不明者がいることになっているが、これらの行方不明者は戦死と見るべきである。そしてこの一万人という数字は、沖縄戦犠牲者の二〇万六五六人の中には入ってないので、これからは沖縄戦の犠牲者は二一万六五六人というべきであろう。

＊ＤＮＡ鑑定

国立戦没者墓苑のことを語るとき、どうしても言わなければならないことがある。それはＤＮＡ鑑定のことである。毎年、その年度内に見つかった遺骨が国立戦没者墓苑に納骨されるときは、焼骨したうえで納骨される。骨を焼骨するということは骨からＤＮＡが取れなくなるということである。

二〇一一年に那覇市真嘉比《まかび》から出土した遺骨を、厚生労働省にＤＮＡ鑑定の実施を要請し、遺骨からＤＮＡが取り出せて遺族の元へ帰ることができたことがある。これは実は歴史的なことで、沖縄戦犠牲者の遺骨がＤＮＡ鑑定により帰ることができた初めてのケースである。

私はすぐさま「見つかった遺骨は焼骨せずにＤＮＡ鑑定をするために保管するべきである」という内容の要請を沖縄県議会に対して出し、その要請は認められたので二〇一二年以降、国立戦没者墓苑への納骨は止まっている。

【ぐしけん・たかまつ
遺骨収集ボランティア団体「ガマフヤー」代表】

◎聞き書き「まちかんてぃ」の一二年

珊瑚舎スコーレスタッフ　遠藤　知子

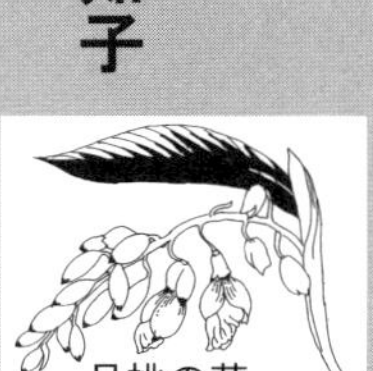
月桃の花

❖まちかんてぃの由来

珊瑚舎スコーレ夜間中学校は、義務教育未修了者のために二〇〇四年四月に開設されました。開設に先立って二〇〇三年一二月に、夜間中学校を描いたドキュメンタリー映画「こんばんは」（森康行監督作品）の上映会を行いました。この時に、映画の舞台になった東京都江東区の夜間中学校の元教員・見城義和さんが、珊瑚舎スコーレが夜間中学校の開設準備をしていることを知って、応援にいらしてくださいました。映画上映と見城さんの講演が、開設に向けた第一歩となりました。

その日の様子を新聞（夕刊）が「沖縄で初めての夜間中学校開設」と報じたので、入学希望者から問い合わせがあるかもしれないと思い、私は珊瑚舎の事務局に残っていました。

夜七時過ぎに電話が鳴り、「本当に沖縄に夜間中学校ができるんですか。私のような者でも入れるんですか。本土にはあっても、自分らにはとうてい無理だと思ってあきらめていました。仕事をしていますが何としても入学します。大げさでなく本当に夢のようなことなんです」と、女性が畳みかけるように一気に話します。

その声に「長年の夢が叶うかもしれない」という強い思いを感じて圧倒されたことが、いまでもはっきりと思い出されます。

四月一七日の「入学を祝う会」では、とても緊張した面持ちの新入生の姿がありました。すべてが初めてのことで「新入生紹介」の舞台に上がる時は、「手足が震えるどころか、歩こうにも手と足がうまく動いてくれず転びそうだった」と、後になって生徒の一人が話してくれました。自分の人生にこんなことが起きるなんて、想像もしないことだったというのです。

会が進み、みなさんに笑顔が戻ってきた時、一人の生徒が、「まちかんてぃしてたさぁ（待ちかねていた、待ち遠しかった）。七歳の時から自分が通う学校がいつか出来ると思って、六〇年待っていた。夢はいつか実現するものなんだねー」と話してくれました。この「まちかんてぃ」が、珊瑚舎スコーレの『学校をつくろう！　通信』に連載してきた「聞き書き」の題名になりました。

「まちかんてぃ」のシンボルマークは月桃《げっとう》の花です。これもある生徒の話からもらったものです。

「この花だけは、戦争が終わって何もない瓦礫の薮の中でも変わらず咲いていました。入学式のみんなの喜んでいる姿、弾んだ声がこの花と重なりました。花は小さいが純白とピンクで、世間ずれしていない少女のようです。（学校へ）歩きながら月桃の花を見ると、夜間中学校のみんなに似ているねぇ、同じ想いねぇーと思います」

聞き書きは二〇〇四年五月から始めています。二〇一四年までに入学した方は一五一名、聞き書きをさせていただいた方は一二一名になりました。私からは大きく、「夜間中学校をどこで知りましたか」「通ってみてどうですか」の二つの質問をしています。あとはその方が自由に話すことを記録するようにしています。

生徒のほとんどは、沖縄戦による混乱と長期にわたるアメリカ軍の統治により、義務教育をきちんと受けられなかった方たちですから、戦争当時のこと、そしてその後の貧困について語っています。中には「あの戦争のことは語りたくない、辛すぎるから思い出したくない」と言う方もいます。

❖沖縄戦を生きのびて

聞き書きをして気づかされることがあります。小学生になるかならないかの年齢で経験した戦争、小さな身体と心で受けた傷、それはまぎれもなく被害者としての経験でありながら、多くの場合「加害者としての自分」という意識を背負っている、背負わされてしまっている……という事実です。

背負っていた妹を守ることに必死で、同級生に名前を呼ばれても助けられなかったこと。孤児院で離ればなれになりそれっきりになった兄弟のこと。生後三カ月の妹を抱え、「敵に見つかるから殺せ」と迫られ、壕を出たものの飲ませる乳もなく衰弱死させてしまったこと。

あの時、自分が助けることができなかった人々が自分の中で生きている――そのような思いが今も生々しく残っているのです。やんばるに逃げ、親を失い兄弟をマラリアで亡くした人でも、「南部に逃げた人から見たら、自分があの戦争を語るなんてとんでもないことだ」と言います。今も戦闘機が飛ぶ沖縄で、爆音が聞こえるたびに逃げ場を探している自分に気づいて涙するという生徒もいるのです。

今年は戦後七〇年という節目の年でますが、「開戦」と「終戦」という区切られた時間が戦争の実相ではないということを、まざまざと教えられます。

そしてもう一つは「貧困」です。五歳にして労働力として扱われる。もの心つかないうちから一家を支えるために、または親を失い自分の食い扶持のために、多くの生徒が奉公に出ています。一〇〇円で一生奉公に出された人、糸満売りで売られた人、年下の兄弟たちを食べさせるために離島から働きに出た人など、事情はそれぞれ違いますが、生徒たちの人生を左右した貧しさの大きな原因は、あの沖縄戦です。

そして生徒の大半は女性です。「ここは女子中学じゃない」と笑い話になるくらい、実に九割以上が女性であり、しかもほとんどが長女か次女なのです。彼女たちは一家を餓死から救い、年下の兄弟たちを学校に通わせるために二つ、三つと仕事を掛け持ちして働いてきています。

「女に学問はいらない」という男性優位の考えは、女性が貧困の連鎖から逃れる術を奪います。当時は幼く、戦争の記憶がない生徒でも、戦後の貧しさはまさに「生きる」ことそのものに影響し、それが現在も続いていることに気づかされます。

「ヒンスー（貧乏）に巻かれて身動きできなかった」とある生徒は語ります。入学して間もなく「学校を辞めたい」と言ったある生徒は、親戚の保証人になっていて、その負債のためにもう一度働きに出ると言いました。七〇歳を過ぎて、これまでしてきた人夫はもう無理だから、掃除婦の仕事を探すという話に愕然となったことがありました。

❖時代の流れに翻弄されて

生徒たちは「ウチナー世《ゆー》」「アメリカ世（米軍統治時代）」「ヤマト世（日本復帰後）」と三つの時代を生きてきた人たちです。特に「アメリカ世」から「ヤマト世」への移り代わりの証言者でもあります。アメリカに対しては複雑な気持ちを持っていることが話の中から伝わってきます。家族を殺され、自身も負傷している……それでも、その後の圧倒的な物質力の下で生きるために、米軍下で働かざるを得なかった現状があります。

そしてそれに先立つものとして「友軍（日本軍）」の存在があります。友軍は住民を守ってくれなかったという事実が深く刻みこまれているのです。

「生き残っていた友軍に『日本はまだ負けていない』と食糧を取り上げられ、その兵士の姿を見て『戦争に負けて良かったんだ』と思いました」と語った生徒がいます。「イラク戦争（二〇〇四年）で人質になった人を見ると、戦争に反対する気持ちは同じですが『戦争をわかっていない』とも感じます。こっちは丸裸、相手は人を殺す武器を持っている、それが戦争です」と語る生徒の口調には、言葉にならない戦争への苦々しい思いが溢れています。

米軍は「統治者」であると同時に、一面では人々に「解放感」をもたらしたようです。戦争に負けたことで、一生奉公から解き放たれた人たちがいます。また自然発生的に生まれた市場での商売は、才覚次第で子どもでも商いができたのです。多くの人が軍関連の仕事に就きますが、体一つ、腕一本、気概一つで仕事が貰えた時代でもあったようです。学歴が求められることもなかったのです。

かなりの生徒は英語の発音が流暢です。読み書きはできなくても生活の中で身につけざるを得なかった、まさに「生きた英語」です。

本土復帰後の「ヤマト世」になり、次第に日本の制度が浸透しはじめるとマチグワー（街中）の小さな商いはできないようになっていきます。読み書きができない人にとってありがたい存在だった「代書屋」も姿を消していきました。「海洋博覧会のころからは札束を持ったヤマトが大勢やってきて、うちらなんか蹴散らされてしまったさぁ」と語ります。

ある年の「ユンタク遊びー」（夏休み前に行われるボランティアへの感謝の会）で、三年生が動物のものまねの出し物をしました。ゾウ、ゴリラなどおもしろおかしく真似て会場を笑わせてくれます。ところが最後のものまねを見て、みなが「鳥」「ハト」「ツバメ」と囃《はや》すのですが、三年生はなかなかうなずいてくれません。「そうで〜す」という返事が出たのは「オスプレイ」という声に対してでした。「戦争はいやだものねー」と明るく大笑いする生徒たち。戦争は終わっていないと感じているのです。

❖学ぶことの本質

「学問をしたい」「人生で仕損なっているのは学校に行くということだけ」「心に刺さっている棘は学校へ通うことでしか癒《いや》せない」「鉛筆はドラムカンより重い」……いずれも聞き書きの一節にある言葉です。

一五歳の学齢期を過ぎ、五〇年、六〇年たってなお、「学ぶこと」をこれほどまでに求める、その思いの底には何があるのだろうか……と思ってきました。週五日、夕方六時から九時までの三時間を三年間、九年間通い続ける人もいます。バスを三回乗り換えて、片道二時間半をかけて通う人もいます。在校生の最高齢は八二歳ですが、誰にとっても楽な道のりではありません。夫や家族が反対したら離婚するつもりだったという人が一人ではなくいるのです。

学校に通うことができず、読み書きが十分にできないことで被ってきた数々の悔しさ。その中でも最も苦しく、辛いことは「自分自身に自信が持てないこと」なのです。家では書ける字が人前に出るとブルブルと手が震えてしまう。字を書くことが何よりも怖い。そのために人前に立つことや、人と交わることを避けて生きてきた自分。言葉の獲得が人にとってどんな意味を持つのか、生徒たちの学びへの切望感がそのことを示唆してくれると思います。

昔できなかったことを取り戻したいのではありません。それは決して大げさではなく「人としての尊厳を手にする」ことにつながるものなのではないでしょうか。

「学歴がないことでコンプレックスを感じたことはありません。でも、たえず学校に行きたい、学びたいと思い続けてきました。自分は何のために生まれてきたのか、あと何年生きるのか知りませんが、残された時間を自分のために使いたい。古い価値観を捨てて自分を見出したい」。そう語る生徒がいます。またある生徒は「年金をもらえる年になり『自分を変えたい』と夜間中学校を選びました」と語ります。七〇歳を過ぎて、「学ぶことで新しい自分に出会いたい」と語る人の姿は、「苦労して大変でしたね」といった、いたわりや憐れみの言葉でくくられることを拒み、学ぶことでさらなる自分を拓く生き方を示しているように思います。

入学した時は「ハジカサー（恥ずかしがりや）」で、いつも級友の後ろに隠れるようにしていたある生徒が、二年生の終わりに「勉強するってワクワクすることだったんだねー」と、はにかみながら語るのを目の当りにして、感動がわき上がってきました。ワクワクすること。このすてきな言葉こそが学びの本質なんだ。そう教えてもらったのです。

「ここをどこで知りましたか」と質問するやいなや、ウチナーグチ（沖縄語）で話し始めた生徒がいました。戸惑っている私に気づいたのでしょう。「あんたウチナーンチューねぇ、ヤマトンチューねぇ」と問い返されました。「ヤマトンチューです」と答えると「ハッサ、アキサミヨー（なんと、あきれ驚いた）、ヤマトンチューならヤマトグチで答えてやったのに」と叱られました。私がウチナーグチを話せたら、みなさんはもっと胸の内を語り易かったのではと思っています。

みなさんの平和と学びを求める気持ちが、多くの方々に伝わるように願っています。

授業風景

生活科で作った刺し子の布巾

Ⅱ
「聞き書き」の向こうに見えるもの

沖縄大学名誉教授　新崎 盛暉

英語の授業風景

❖はじめに

珊瑚舎スコーレから、『学校をつくろう！　通信』が送られてきた時、真っ先に読むのが「まちかんてぃ」の欄でした。忙しくて時間がない時でも、この欄だけは必ず読んでいました。私は、この欄に登場する人たちとほぼ同世代で、沖縄出身の両親を持つ、東京生まれの沖縄2世です。敗戦は、疎開先の熊本県の佐敷国民学校（小学校）の三年生の時です。

私は、一九五二年四月に東京都立小山台高校に入学しました。忘れもしないその直後の四月二八日、校長先生が、全校生徒教職員を校庭に集めて、「今日、日本はめでたく独立しました。万歳を三唱しましょう」と言いました。一九五二年四月二八日は、対日平和条約と日米安保条約が発効した日です。戦争に負けてそれまで米軍を中心とする連合国軍の占領下にあった日本が対日平和条約によって独立した日です。同時に、日米安保条約によって、日本がアメリカの目下の同盟国になった日です。

沖縄はどうだったでしょうか。ご承知のように、沖縄は、民衆の日常生活の場が、日米両軍の激しい地上戦の場となり、日本が米英中ソなどの連合国に降伏する以前に米軍に占領され、そのまま日本とは切り離されて米軍の支配下に置かれていました。日本に独立を与えた対日平和条約第三条は、沖縄を、そのまま米軍支配下に置き続けることを決めていました。

「沖縄を米軍政下に置き去りにして、独立を祝うとは何事か」。私は、万歳を三唱する先生方や友人たちと私の間に、目に見えない厚い壁があるのを感じました。私が、日本の中における沖縄の特殊な位置を知った、あるいは、初めて沖縄と出会った瞬間でした。それ以後私は、沖縄の現状を打開することを自分の役割と考えるようになりました。高校時代、沖縄の戦災校舎復興資金募集の活動に参加したこともあります。そして、大学を卒業したら、沖縄で新聞記者のような仕事をしたいと思っていました。

しかし、米軍政下の沖縄は、私を受け入れてはくれませんでした。当時は、日本から沖縄に行く場合にも、沖縄から日本に行く場合にも、米民政府（米軍政府）の許可を得て、パスポートを持って渡航する必要がありました。東京の大学に学んでいた学生が、夏休みに帰郷し、休み明けに上京しようとしたら、パスポートが下りず、大学を退学せざるを得なくなったということもありました。東京で米軍政下の沖縄の実情を訴えた、学生運動をしたと疑われたからです。また、奨学金を貰って沖縄に帰ることを義務付けられていた人が、契約通り沖縄へ戻ってきたら就職先が取り消されていた、という事例もありました。多くの人々が、米軍の監視の目を恐れて戦々恐々として生きていたのが、軍政下の沖縄の現実でした。

二七年に及ぶ米軍の直接支配の後、一九七二年五月、さまざまな社会的歪みを抱えながら、沖縄は日本に返還されました。沖縄が日本になったので、渡航や居住も自由になり、私は沖縄大学の教員として沖縄に来ることが出来ました。一九七四年四月のことです。

沖縄大学で私が担当した科目の一つは、「沖縄現代史」とか、「沖縄戦後史論」という科目です。現在は、沖縄の大学はもちろん、時には、本土の大学でも沖縄の歴史や文化に関する科目が開設されていますが、当時は、沖縄の大学でも、沖縄という地域に特化した科目の開設はほとんどありませんでした。

私は、この講義を「なぜ沖縄現代史は成立するか」という問いかけから始めます。日本の四七都道府県のどこにも、その地域の郷土史はあっても、鹿児島現代史とか、青森現代史は存在しないはずだからです。そのことは、沖縄が、単なる日本の四七都道府県の一つとは違う独自性を持っているからです。

❖独自の国家・琉球とヤマト

日本が現在のような近代国家の形をとるのは、明治維新以降のことです。沖縄が日本という国家の中に組み込まれるのもこの時期です。沖縄島には、一五世紀の初め、琉球と呼ばれる国家が成立し、その領域は、奄美諸島から宮古・八重山諸島まで広がっていきました。琉球王国は、中国（明《みん》）との進貢《しんこう》貿易をはじめ、日本、朝鮮、東南アジア諸国との仲介貿易によって大きな利益を得、それを背景に文化的にも大いに発展したといわれます。

沖縄が中国と進貢貿易を始めたのは、すでに一四世紀の中ごろ、沖縄島にまだ統一国家が形成される以前、三つの勢力が分立する三山《さんざん》分立時代からのことです。というのも、明の皇帝は、臣下として貢物を献上する国王に対しては、お返しとして貢物の二倍以上の値打ちのあるものを与えたからです。また、進貢船には、貢物のほかに貿易品も積んでいきますが、これも市価より高く買い上げられました。

進貢貿易や仲介貿易で栄えた大交易時代は、一四世紀から一六世紀まで続きますが、ポルトガル人がアジアに進出するようになると、だんだん衰えていきます。この時期に文化面で特に注目されるのは、沖縄の万葉集ともいわれる古代歌謡集『おもろさうし』の第一巻が、日本の民族文字であるかな文字によって編纂されたことです（一五三一年）。逆に、日本の伝統音楽、大衆芸能に欠くことのできない三味線は、この時期（一五世紀末）に沖縄からヤマトに伝えられました。また、江戸中期から、飢饉の時に農民を飢えから救うことになる甘藷《かんしょ》（いわゆるサツマイモ）も、沖縄からヤマトに伝えられたものです。こうして沖縄とヤマトは、お互いに交流を積み重ね、文化的に共通な部分を発展させながら、政治的にはそれぞれ独立した国の歩みを続けていましたが、このような関係は、島津（薩摩）の琉球侵入によって終止符が打たれます。徳川幕府が成立して六年後の一六〇九年、幕府の許可を得た薩摩の軍勢約三千人は、奄美大島から徳之島、沖永良部《おきのえらぶ》島とまたたく間に占領し、沖縄島に殺到しました。

このころの琉球は、「守礼《しゅれい》の国」を看板にして、ほとんど軍備らしい軍備を持ちませんでした。国王は、各地の有力者（按司《あじ》）を首里に集めて住まわせるとともに、按司やその部下の武器をすべて取り上げていました。これは、国内を収めるには便利でしたが、外敵の侵入には対抗できません。ごくわずかいた国王の軍隊も、一〇〇年近くも戦争を経験したことが無く、血なまぐさい戦国の世を生きてきた薩摩の軍勢には、歯が立ちませんでした。

琉球を征服した島津氏は、与論島以北の奄美諸島は直轄植民地として割き取りましたが、沖縄島以南は琉球王（尚氏《しょうし》）の支配を認め、琉球王国を維持させました。中国との進貢貿易を続けさせるためです。豊臣秀吉の朝鮮侵略もあって、明と日本の関係は断たれており、貿易も禁止されていたからです。このため、この時期を「日支両属」の時代などということもあります。中国にも貢物を納め薩摩にも支配されていたからです。しかし、中国は琉球を政治的に支配したわけでもなければ、経済的に搾取・収奪したわけでもありません。これに対して島津氏は、政治的に干渉・支配し、経済的には収奪したのです。進貢貿易や年貢米の上前をピンハネし、やがて生産が始められた砂糖、宮古・八重山などの紬《つむぎ》・上布（高級な麻織物）といった特産物をも、年貢として、また不当に安い強制買上げ品として取り上げました。奄美諸島を含む琉球からの搾取・収奪があったからこそ、薩摩は、産業の発達が遅れていたにもかかわらず、明治維新の中心勢力となる経済力を得ることができたのでした。

❖近代国家日本と沖縄

一八五三年七月、浦賀に四隻の黒船がやってきました。日本の開国を求めるアメリカ大統領の親書を持ったペリーの艦隊です。その二カ月前、ペリーは琉球に立ち寄っていました。日本（徳川幕府）が開国を拒む場合は、琉球に足場を築くことも考えていたからです。

黒船の圧力によって長い鎖国の眠りから覚めた日本は、やがて明治維新の変革へ向かって突き進んでいくことになります。すでに封建的身分社会は行き詰まり、徳川幕府の権威も衰えていました。このとき、徳川にとってかわろうとした長州や薩摩などのいわゆる西南雄藩によって担ぎ出されたのが天皇です。封建的な身分秩序の中で、上位にある徳川を倒すには、天皇の権威を借りることが効果的でした。こうして、近世封建社会では政治の場から棚上げされていた天皇の存在が重要な意味を持つことになりました。近代化への変革であるはずの明治維新が、王政復古（古代天皇親政の復活）として実現したのは、このためです。士農工商のような身分社会を四民平等の社会にするはずの近代化が、日本では、天皇中心の国家として成立することになったのです。

明治維新によって成立した近代国家日本は、琉球も日本の版図（領域）の中に組み込もうとします。しかしそれは、中国（清）との関係からいっても、琉球支配層に対する説得という点からいっても、慎重に、なし崩し的に進める必要がありました。明治政府は、全国的な廃藩置県の翌年（一八七二年）に琉球国王を琉球藩王にし、日本の旧大名（封建領主）と同様華族の一員に加えました。同時に各国公使に、琉球の外交事務は、日本の外務省が行うと通告しました。というのも、琉球はすでに、アメリカ、フランス、オランダと、徳川幕府が結んだと同じような条約を結んでいたからです。

琉球を日本の版図に組み込むことを意図していた明治政府にとって都合の良い事件が、一八七一年におこります。台風にあって遭難し、台湾に漂着した宮古島住民五四人が台湾原住民族の居住地域に迷い込み、殺害されるという事件が起こったのです。生き残った人たちは中国系住民に助けられ、翌七二年に送り返されましたが、明治政府は、日本国属民である琉球藩民を殺害した台湾原住民族の懲罰を中国（清）に要求しました。清がとりあわなかったので、明治政府は、七四年、台湾に軍隊を派遣して原住民を攻撃し、これを正当な行為であると清に認めさせました。台湾出兵は、近代国家日本による最初の海外出兵でした。明治政府は、清が台湾原住民族に対する日本の懲罰行動を認めたことをもって、清が琉球を日本の領土であると認めた根拠の一つとみなし、さらに琉球併合政策を推し進めることになります。一八七五年、明治政府は、琉球に対し、清との進貢関係を断ち、藩制を一般の県並みに改めることを要求しました。琉球支配層(士族)はこの要求を受け入れませんでした。

同じ七五年、日本では、旧支配層(士族)の封建的身分に伴う経済的特権(家禄)が廃止され(秩禄処分)、廃刀令も出されるなど、近代化が進みました。これに対する薩摩士族の反発が、一八七七年の西郷隆盛率いる西南戦争となって爆発します。しかし、勇猛をもってなる薩摩士族が、平民たちも交じる明治政府の近代的軍隊に敗れ去ったことは、時代の流れを象徴していました。明治維新期における最大の武装反乱を鎮圧した明治政府は、いよいよ最終的な琉球併合(琉球処分)に乗り出します。一八七九年、琉球処分官・松田道之は、一六〇人の警察官と、四〇〇人の軍隊を引き連れて沖縄に渡り、琉球藩王に首里城明け渡しを迫って沖縄県を設置します。

琉球処分を行うにあたっての明治政府の大義名分は、民族統一と近代化でした。しかし、旧琉球支配層(琉球士族)にとってそれは、封建的身分に伴う社会的・経済的特権の廃絶をも意味しました。薩摩士族のような武力反乱が不可能だった彼らは、清国の支援に期待しました。清にとっても、日本による一方的な琉球併合は、不愉快なできごとでした。清の異議申し立てに対して明治政府は、清が欧米諸国に与えているような通商上の特権を日本にも認めるのならば、宮古・八重山などの先島諸島を清に割き与えてもいいという分島・改約(増約)案を提案しました。この案は、旧琉球士族の猛反対もあって成立せず、その後の日清戦争(一八九四〜五年)によって日本が台湾や澎湖島を領有することになった結果、自然消滅することになりました。

しかし、宮古島住民の殺害事件を台湾出兵の口実とし、民族統一を琉球処分の大義名分とした明治政府が、経済的利益と引き換えに、先島諸島を住民もろとも中国に売り渡そうとした歴史的事実が消えることはありません。現在の日中両国による尖閣諸島の領有権争いも、分島・改約案と無関係ではないのです。

さらに明治政府は、近代化を建前に琉球処分を断行しておきながら、間もなく近代化政策を一八〇度転換させ、旧慣温存《きゅうかんおんぞん》政策をとることになります。旧慣温存、つまり、古い制度や慣習を当分維持するという政策は、明らかに旧琉球支配層を懐柔するためのものでした。その結果沖縄では、個人の土地所有を認め、土地の評価額に対して税金（地租）を課すという地租改正も、旧支配層への金禄支給を廃止する秩禄処分も棚上げにされました。地租改正については、日清戦争後、旧慣打破を求める農民層の運動もあって土地整理という名称で行われることになりました（一八九五～一九〇三年）が、秩禄処分が行われたのは、実に一九一〇年になってからです。つまり旧琉球士族上層階級のみは、近代国家日本の中で、琉球処分後三〇年間も、明治政府から封建的身分に伴う金禄を支給され続けていたのです。このため沖縄における近代的制度改革は大幅に遅れることになりました。

先島諸島も含めた沖縄全域が本土並みの制度に置かれるようになった時期は、ちょうど第一次世界大戦（一九一四～一八年）後の戦後不況の時期にあたっていました。戦場となったヨーロッパが復興し、生産力が回復すると、世界市場にあふれだした商品が、戦争景気に湧いていた日本経済をおびやかすようになりました。東北日本の農村地帯で娘の身売りや餓死が頻発し、南の辺境沖縄の農村地帯では、ソテツを毒抜きして食糧にせざるを得ないソテツ地獄と呼ばれるような状態が生み出されていました。疲弊した農村からは、貧しい農民たちが、大阪周辺や京浜工業地帯に職を求めてあふれ出し、さらに遠くは、ハワイや南米、太平洋諸地域（南洋群島）などへ出稼ぎに行きました。

島の外に出た彼らの多くは、慣れない土地で生きていくために、出身地域別に集団をなして生活しながら、下積みの仕事に従事していました。異郷で肩を寄せ合って生活し、三線をかき鳴らして郷愁をいやそうとする人々の姿は、沖縄の歴史や文化に無理解な人びとの眼には、不可解な言葉で話し合う異民族集団にも見え、それが一種の民族差別に似た感情を生じさせることも少なくありませんでした。一七世紀初頭、島津の直轄植民地となり、明治維新の段階で鹿児島県大島郡として位置づけられることになった奄美諸島の人びとにとっても、事情は同じでした。

❖沖縄戦に至る道

台湾出兵の翌年（一八七五年）、明治政府は、朝鮮の首都・漢城（現ソウル）近くの江華島に軍艦を派遣し、鎖国をしていた朝鮮に開国をせまりました。朝鮮の開国を求める欧米列強の意向を先取りし、その先兵となって、ペリーの砲艦外交とそっくりの軍事行動をとったのです。そして清と朝鮮半島の支配権を争って日清戦争を引き起こし、その一〇年後には、南下してくるロシアと衝突（日露戦争一九〇四〜〇五年）して中国東北部に勢力を拡大していきます。

日露戦争における日本の勝利は、欧米列強の支配・圧迫に苦しむアジアの諸民族に大きな刺激を与えますが、実はこの勝利は、ロシアの勢力拡大を阻止しようとするイギリスの支持（日英同盟一九〇二〜二三年）を後ろ盾にしたものでした。また、日露戦争末期の一九〇五年七月、日本の桂太郎首相兼外相と、アメリカのタフト陸軍長官の間に、日本の朝鮮に対する支配とアメリカのフィリピンに対する支配を相互に認め合う秘密協定（覚書）が結ばれ、日本は、一九一〇年、朝鮮（大韓帝国）を併合します。

やがてヨーロッパを主戦場とする第一次世界大戦（一九一四〜一八年）が勃発します。この戦争は、ドイツの急速な資本主義的発展を恐れたイギリスが、フランスやロシアを誘って、これを抑え込もうとしたところにその大きな原因がありました。日本は、日英同盟を口実にしてドイツに宣戦布告し、南洋群島や中国におけるドイツの権益を奪っただけでなく、英・独・仏・露などがアジアを顧みる余裕がなくなった隙に、中国政府に二一カ条に及ぶさまざまな要求を突き付けました。それは事実上、中国を日本の保護国にしようとするものだったので、中国民衆の大きな反発を引き起こしただけでなく、欧米諸国も日本への警戒を強めるようになりました。このため、二一カ条は、大幅に修正されざるを得ませんでしたが、日本の中国に対する権益は、著しく拡大・強化されることになりました。同時に中国民衆の抗日・反日の機運も決定的なものになります。中国では、すでに一九一二年、清朝が倒れ、アジアで最初の共和国・中華民国が成立していました。大戦末期の一九一七年には、ロシアで社会主義を目指す革命が成功し、ソビエト連邦が成立していました。ヨーロッパを主戦場とするこの戦争で、日本やアメリカは漁夫の利を得ましたが、戦争が終わると戦後不況に陥り、それはやがて世界恐慌へと広がっていきます。その中で日本は、ますます資源や市場を求めて中国大陸の支配権を拡大しようとします。

一九三一年九月、中国東北部（満州）に駐留していた日本軍は、日本が敷設していた南満州鉄道を爆破し、これを中国軍の仕業として中国軍を攻撃し、満州全域を占領しました（満州事変。九・一八事変）。そして翌三二年、清朝最後の皇帝を元首とする満州国を建設し、ここに五族協和の楽土をつくると称して、日本からも多くの入植者を送り込みました。ちょうどイスラエルがパレスチナ全域を占領し、次々と入植地を建設、拡大していったのと同じです。

さらに一九三七年七月、北京郊外の盧溝橋《ろこうきょう》という所で夜間演習をしていた日本軍が銃撃されたという口実で、近くの中国軍を攻撃しました。満州国の南方まで勢力圏を拡大しようとしたのです。しかし、この行動に対する中国民衆の反発はこれまでにも増して激しいものでした。このときまで、外の敵・日本よりも、内部の敵・共産軍との闘いを優先させてきた国民党の蒋介石も、日本軍に徹底的に抵抗するようになります。戦火は中国全土に拡大し、中国大陸における権益をおびやかされた米英は、蒋介石を支持して日本との対決姿勢を強め、経済封鎖を強化しました。この封鎖網を打ち破ろうと、日本の指導者たちが、勝ち目もないまま、国力（生産力）のはるかにまさる米英に挑んだのが太平洋戦争でした。

米英との戦争を、日本は大東亜戦争と呼びました。アジアを欧米列強の支配から解放し、アジアに、日本を盟主とする大東亜共栄圏を確立するのがこの戦争の目的である、とされたからです。戦争の初期、日本は電撃的に太平洋全域をその勢力下に置きましたが、やがて、圧倒的に国力に勝るアメリカが巻き返しに転じ、太平洋の島じまを飛び石伝いに日本に迫ってきました。サイパン、テニアン、パラオなどの島じまでは、沖縄からの多くの出稼ぎ移民も戦争の犠牲になりました。そのアメリカが、日本本土攻略の足掛かりとして選んだのが沖縄でした。逆に言えば、日本にとって沖縄は、本土防衛のための最後の防波堤でした。

❖戦場になった沖縄

一九四五年三月、沖縄島周辺には約一五〇〇隻の米艦隊が集結し、三月二五日、いっせいに砲爆撃を開始しました。押し寄せた米軍は、地上戦闘部隊だけでも一八万余、後方補給部隊も加えると五四万に及んだといわれます。これに対して日本軍は約一〇万。そのうち約三分の一は、沖縄現地で急遽かき集められた防衛隊などの補助兵力でした。

四月一日、米軍は、読谷村《よみたん》から北谷村《ちゃたん》にかけての東海岸から沖縄島への上陸を開始し、沖縄島を南北に分断し、二手に分かれて北上と南下を始めました。米軍が上陸した翌日、米軍に包囲された読谷村のチビチリガマでは、集団「自決」によって八〇数名の人が犠牲になりました。沖縄島に先立って米軍が上陸した慶良間の島じまでは、実に六〇〇名以上の人びとが集団「自決」によって亡くなっています。家族同士、住民同士が殺し合う悲惨な集団「自決」は、捕虜になると女はなぶりものにされ、男は八つ裂きにされると教え込まれ、「生きて虜囚《りょしゅう》の辱《はずかし》めを受けず」という軍隊への教え（戦陣訓）が、民衆の間にも浸透していた結果でした。集団「自決」は、戦前の日本の教育、というよりも近代国家日本の歪んだありようを象徴するもので、沖縄戦だけでなく、旧満州で、軍隊に置き去りにされた開拓団などでも起きています。チビチリガマのすぐそばのシムクガマにも多くの人たちが避難していましたが、そこには、二人のハワイへの出稼ぎ帰りの人がいて、自分たちの体験に照らして、「鬼畜米英」というスローガンに疑問を抱き、住民を説得して米軍に投降したため、一人の犠牲者も出ませんでした。

さて、日本軍の主力部隊は、宜野湾《ぎのわん》の嘉数《かかず》高地から、浦添の前田高地を中心とする丘陵地帯に地下陣地網を張り巡らし、南下してくる米軍を待ち構えていました。嘉数高地から首里に至る約一〇キロが、沖縄戦の主戦場でした。ここでは、日米両軍の死闘が繰り返され、米軍は、この一〇キロを突破するのに約五〇日を要しています。しかし、日本軍の約七割はこの中部戦線で失われ、五月末には、首里城地下の司令部も持ちこたえられなくなります。沖縄戦の勝敗は決しました。

降伏をしない日本軍は、司令部が持ちこたえきれなくなった段階で、「万歳突撃」を行って「玉砕」するというのが、それまでの戦闘パターンでした。しかし沖縄戦では、敗残兵をかき集め、司令部を放棄して南へ落ちのびます。それは沖縄戦が、できるだけ「本土決戦」までの時間を稼ぎ、あわよくば「天皇制護持」を条件とする和平交渉への道を探るための「捨て石作戦」だったからです。

南部には多くのガマがあり、住民の避難場所になっていました。そこに日本軍がなだれ込んできたのです。

住民の中には、日本軍によってガマを追い出されたり、抵抗してスパイ扱いをされて殺された人びともいました。

六月二三日、日本軍司令官は、沖縄島南部の摩文仁《まぶに》まで追い詰められて自殺しました。しかし、司令官の死によって沖縄戦が終了したわけではありません。司令官は、死ぬ直前、「これから後は、生き残った直属上官の指揮のもとに最後の一兵まで戦え」と命令したからです。沖縄戦では、ヤマト（本土）出身の約六万五千の兵隊と、沖縄出身の兵隊約三万、民間人九万四千人が犠牲になったといわれます。そのほか、軍夫とか「従軍慰安婦」として朝鮮半島から強制連行されてきた約一万人の人びとが犠牲になったといわれていますが、その数はまったく不明です。また、学童疎開船・対馬丸をはじめ、沖縄から九州や台湾に向かう多くの船が米軍に攻撃され、犠牲になりました。

このように、沖縄戦では、軍人よりもはるかに多くの民間人が犠牲になりましたが、結局、本土決戦は行われず、広島・長崎への原爆投下と、ソ連の参戦によって日本は連合国軍に降伏しました。

❖平和国家日本と軍事要塞沖縄

連合国に降伏した日本にとって、最大の関心事は、天皇の地位を守ることでした。降伏した日本を占領した連合国軍の中心であった米軍も、占領政策を円滑に進めるためには、日本国民の多くが忠誠心を示す天皇の権威を利用したほうがよいと考えていました。「鬼畜米英」とか、「一億玉砕（すべての国民が玉砕するまで戦う）」とか狂信的に叫んでいた日本国民が、戦争を辞めるという天皇の指示（終戦の詔書）におとなしく従ったからです。そこで「国民統合の象徴」として天皇の地位を残すことにしました。また、日本を民主化し、国民の権利を尊重すること、戦争を放棄し、軍隊を持たないことを要求しました。

同時にアメリカは、非武装国家となった日本に対し、周りの国々が侵入したり、政治的な影響力を及ぼすことを防ぐためという理由で、沖縄を日本から分離し、アメリカの軍事的拠点・軍事要塞にすることにしました。こうして、象徴天皇制、日本の非武装化、沖縄の米軍による支配は、占領政策の上で一体不可分の関係になりました。このことを指して私は、戦後日本の政治は、構造的沖縄差別を土台として出発した、と言っています。

やがて、アメリカとソ連の対立（東西冷戦）が深まり、中国大陸における国民党と共産党の対立・内戦で、共産党が優位になり始めると、アメリカは、日本を非武装化するという方針を一八〇度転換し、「アメリカの目下の同盟者」として保護育成することとし、日本に再軍備を促します。朝鮮半島で内戦が勃発した直後の一九五〇年八月、占領軍の指示で、戦後日本に初めて、警察予備隊という名前の軍隊が作られました。警察予備隊は、やがて保安隊になり、自衛隊になって今日に至るのです。

一九五二年の対日平和条約の発効によって、日本は国際社会に復帰しますが、沖縄はこの条約の第三条によって米軍政下に置かれ続けることになります。また、同時に発効した旧安保条約によって、アメリカは、日本全土に軍事基地を維持し続けることになりました。アメリカが日本全土に軍事基地を維持することができたにもかかわらず、沖縄を日本から分離し、軍事支配の下に置き続けたのは、独立した国家との条約に基づく基地は、その国の法律的な制約を受けるだけでなく、相手国の政策が変われば、条約破棄もありうるからです。この時期、沖縄の民衆は、米軍政からの解放の道を「平和憲法を持つ民主国家日本」との一体化に求めていました。対日平和条約締結を前にして、日本復帰運動が盛り上がっていたのです。

五二年のサンフランシスコ二条約成立の時点で、日本本土には、沖縄の約八倍の米軍基地が散在していました。基地拡張に反対したり、米軍犯罪に抗議する反米反基地闘争も頻発していました。一方沖縄では、「銃剣とブルドーザー」による土地取り上げに対する抵抗が「島ぐるみ闘争」の爆発へと至る時期でした。似たような状況に置かれていたヤマトの国民も沖縄の闘いに強い共感を示していました。しかし、ヤマトの闘いが、憲法を頂点とする法制度に守られた闘いであり、沖縄の闘いが、米軍の直接支配下の闘いであるという根本的違いは、ほとんど認識されていませんでした。それでも五〇年代の日米関係は、決して安定したものではありませんでした。不安定な日米関係を安定させるために、在日米軍の再編と連動して行われたのが安保条約の改定（六〇年安保改定）でした。

六〇年改定安保条約成立の時点で、日本（本土）の米軍基地は、約四分の一に減少していました。沖縄の米軍基地は約二倍に増加しました。岐阜や山梨に駐屯していた米海兵隊などの地上戦闘部隊がすべて撤退し、海兵隊が日本ではない沖縄へ移駐したからです。占領政策として出発した構造的沖縄差別の仕組みは、六〇年安保改定の過程で、日本政府によって積極的に利用されるようになったのです。

六五年、南ベトナム内戦への米軍の直接介入は、世界的なベトナム反戦運動を呼び起こしますが、沖縄民衆の闘いも、これと連動しながら直接基地に向かうことになります。「平和憲法下への復帰」というスローガンも「反戦復帰」に代わっていきます。こうした状況に対応するため、日米両政府は沖縄返還交渉を開始し、七二年五月、沖縄は日本に返還されました。

七二年沖縄返還（日本復帰）は、日本にとっては「戦争で失った領土の回復」でしたが、沖縄の民衆が、アメリカの軍事拠点から解放されたわけではありませんでした。七二年沖縄返還は、日米安保体制（日米同盟）の再編強化に過ぎませんでした。米軍基地を維持する責任は、米軍から日本政府に移り、沖縄返還に伴う在日米軍の再編によって日本本土の米軍基地は約三分の一に減りましたが、沖縄の基地はほとんど減らなかったため、沖縄に在日米軍基地の約七五％が集中することになりました。日本になった沖縄には、自衛隊も配備されました。戦後日本政治の土台をなす構造的沖縄差別の仕組みは、時代に合わせて微調整されながら、堅持・強化されたのです。

九五年秋、こうした状況を打破しようと、米軍基地の縮小・撤去、日米地位協定の改定を求める民衆闘争が爆発しました。その直接的なきっかけは、米兵の少女暴行事件という凶悪犯罪でした。この民衆決起に対する日米両政府の対応が、普天間基地の辺野古移設を含む基地の整理・統合・縮小、地位協定の運用改善等でした。だがそれらは、沖縄への米軍基地の異常なまでの集中という根本的な問題を解決するには程遠く、逆に旧式化した巨大な基地を最新鋭の新基地と置き換えようとする意図さえ持っていたため、紆余曲折はありながらも、沖縄民衆の抵抗を強め拡げているというのが現状です。二〇一四年の名護市長選挙、沖縄県知事選挙、そして沖縄における総選挙の結果は、民衆の闘いが新しい段階に達していることを示しています。

❖おわりに

以上、沖縄の歴史を駆け足でたどってきました。限られたスペースで描き出せたのは、人びとの歴史的歩みのあらすじ、あるいは骨格に過ぎません。実際の歴史は、無数の人びとの体験やその体験の世代を超えた継承の蓄積として存在します。本書の「聞き書き」は、その一つひとつが、そうした血の通った歴史的体験の断片です。この文章を書きながら、私は、大学で「沖縄現代史」を語っていたころ、例年、夏休みの課題に、沖縄戦（太平洋戦争）の前後を生きた世代の人びとの聞き書きをまとめるよう勧めたことを思い出しました。

現在の沖縄社会は、そのような歴史の延長線上にあります。歴史が私たちの生き方に示唆するものは少なくないはずです。

Ⅲ
「学校で学ぶ」ということ
珊瑚舎スコーレ夜間中学校の12年

珊瑚舎スコーレ校長　星野 人史

ボランティアの方々への感謝のパーティー・ゆんたくあしびで

❖開校

珊瑚舎スコーレは二〇〇一年四月に開校しました。当初は高等部・専門部の二課程、一二月に中等部を開設し、三課程（昼間部と言っています）でスタートしました。夜間中学校が開設されたのは二〇〇四年四月です。沖縄戦の状況を考えれば、義務教育未修了の高齢の方々が多数いらっしゃることは想像に難くないことでした。しかし、開設当初は三課程の運営を軌道に乗せ、珊瑚舎の学校教育に対する考え方を沖縄や全国の方々に発信することを優先しました。夜間中学校の学費を昼間の三課程と同じような額にはできません。

二〇〇三年一二月、東京の夜間中学校のドキュメンタリー映画「こんばんは」（森康行監督作品）の上映会のポスターとチラシを、上映実行委員会の方が珊瑚舎に届けてくれました。その折、近い将来珊瑚舎は夜間中学校を開設したいと考えていることをお話ししました。この話が「こんばんは」に出演していた東京の夜間中学校の元教員の方に伝わり、珊瑚舎を訪ねてくださいました。その方は、「沖縄に夜間中学校が必要なことはわかっていたが、手が十分に届かない状態が続いていた、今でもそのことを気にしている。対象者のみなさんはご高齢で時間はそんなにない。開設を考えているなら、早ければ早いほどいい」というものでした。はっとしました。ドーンと背中を押しだされたような気分でした。「分かりました。二〇〇四年度四月の開校に向けて準備します」と、その場で返事をしました。学費を月一五〇〇円程度にすること、国語の教材の提供やアドバイスをいただくことも決まりました。

「こんばんは」の上映終了後、会場に集まった方々に来年四月の夜間中学校開設について、話す機会を上映実行委員会に作っていただきました。生徒募集とボランティア募集の協力を呼びかけることができました。新聞社、放送局が取材していましたので、夜間中学校開設のニュースが県内に伝わり、大きな手助けになりました。とりわけ、無給のボランティアで依頼する講師の募集についての報道は、大変ありがたかったです。このボランティアの方々がいらっしゃるので、昼の三課程の運営状況とはあまり関係なく、夜間中学校は現在まで続けることができているのです。

❖教室の外の夜間中学校

義務教育未修了者の学習権の保障、とりわけ戦争でその権利を奪われた方々に対する保障は行政の仕事です。夜間中学校の運営に行政が携わるのは当然のことです。開校後間もなく、二〇〇四年五月に沖縄県議会に対して陳情書を提出し、珊瑚舎との協働を呼びかけました。結果は継続審議扱いで、陳情は棚上された形になりました。

そこで夜間中学校の活動を広く沖縄県民に知ってもらい、理解と協力を得る必要性を強く感じ、翌二〇〇五年四月一〇日、「まちかんてぃの集い」を開催しました。ボランティアの方々の努力で大勢の方が参加し、県内のマスコミ各社も報道しました。

中でも地元の民放テレビ局が、以後三年にわたり夜間中学を取材して、ニュースやドキュメンタリーを放送したことは、沖縄県民に夜間中学校の存在とその意義を伝える大きな力になったと感じています。

また二〇〇五年九月、県議会文教厚生委員会の議員四名が紹介議員となり、一カ月余りの短期間で全国から集まった一万六一四八名の署名を添えて、請願書を県議会に提出しました。請願書の内容は陳情書と同じものでした。署名数は最終的には一万六八八〇名となっていますが、その後も増えて一万八〇〇〇名を超えました。この署名活動には全国のさまざまな方々に協力していただきました。夜間中学の生徒のみなさんも街頭署名活動に参加し、夜間中学校の必要性を県民に訴えました。

珊瑚舎スコーレの街頭署名活動

一〇月の定例県議会で請願は全会一致で採択されました。請願の要旨は以下の四点です。

1．沖縄県における学齢期を過ぎた義務教育未修了者の実態を調査すること。

2．学齢期を過ぎた義務教育未修了者の学ぶ権利を保障し、教育機関の設置と小中学校の卒業を認定すること。

3．「珊瑚舎スコーレ夜間中学校」を学齢期を過ぎた義務教育未修了者のための教育機関として認定し、その運営に補助金を支給すること。

4．学齢期を過ぎた義務教育未修了者のための教育機関の設置を広報で県民に周知すること。

しかしこれはあくまで県議会の採択であり、執行機関の沖縄県教育委員会が請願を受け入れたわけではありません。採択を実際の教育行政に反映させるためには、さらに働きかけが必要でした。各方面にさまざまな働きかけをしました。その結果、二〇〇八年度から昭和七年から一六年生まれの生徒に限り、卒業が認定されることになりました。

沖縄県内では大きなニュースとなり報道されましたが、「画期的だ！　でも遅い！」が僕の感想でした。二〇〇八年度以前の卒業生にも遡って適用すること、昭和七年から一〇年の年齢枠を外すよう申し入れをしましたが、実現していません。

四項目の請願のうち最後まで実現せずに残っていたのが、三番目の珊瑚舎スコーレへの資金援助でした。教育委員会の判断は、「憲法違反になる」というのが拒否の理由でした。税金を民間の事業所に拠出することはできないとのことでした。僕は私学助成など、公共性の高いものについては出来ると考えていますが、夜間中学校に対する県教育委員会の対応を見ていると、前例のないことには触れない、国の判断の後をついて行くという印象を持っています。

さまざまな働きかけの中には国会議員に対しての働きかけもあります。沖縄県選出の衆議院議員の方から、「国会で取り上げたいので、資料を送って欲しい」との依頼がありました。その方が衆議院沖縄北方領土委員会で珊瑚舎スコーレ夜間中学校への支援の必要性を取り上げました。二〇一一年三月、質問に答えた沖縄北方担当大臣が支援を約束しました。政権交代があったことも一つの理由だったのかもしれませんが、教育委員会のこれまでの対応がありましたから、「今までのことは何だったんだ！」と強く感じました。

二〇一一年九月、珊瑚舎スコーレ夜間中学校に対して、沖縄県は委託事業として運営資金を予算化しました。珊瑚舎スコーレがその委託事業に応募するという形になります。しかし、委託事業は制度の網をかぶせられたような息苦しさがあります。「私たちがしなければならないことを、これまでしていただいてありがとうございます。これから充実した学びの場をともに作っていきましょう」――これが僕の常識でした。ところが委託を受けるということは、それとはかけ離れたものでした。「ともに作っていきましょう」と

学びの同行者・ボランティの方と

いう言葉は通じないのです。委託から降りようかとも考えました。理由は、委託費の八割近くがボランティアの方々の講師謝礼に当てられるという予算のありようでした。

これにボランティアの方々が猛反発したのです。「家族や友人、知人に夜間中学校への支援の協力をお願いしてきたが、これでは自分たちが謝礼を貰うためにみなさんに協力をお願いしたようなものだ。謝礼が欲しくて講師をしているわけではない。珊瑚舎への支援が必要なのだ」――これがボランティアのみなさんの気持ちでした。

珊瑚舎スコーレは資金的な苦労はありますが、公的な支援なしに、さまざまな方に支えられながらこれまで運営してきた自負もあります。今までの積み重ねを壊したくないと思いました。何度かの会議を持ちました。結果はこうなりました。謝礼を受け取る。謝礼は珊瑚舎に寄付する。以後、二〇一五年度までこの形が続いています。ありがたいことです。

二〇一四年度末の二〇一五年三月、県教育委員会

との会談の席で担当者から、「夜間中学校に対する委託事業は二〇一五年度で終わりにする」と告げられました。しかし珊瑚舎スコーレ夜間中学校は終わりません。一、二、三年生合計二二名の在校生がいるのです。沖縄県教育委員会には、学齢期を過ぎた義務教育未修了の方々の学習権の保障について、今後どのように対処するのか、文書で回答してほしいと伝えています。

❖学校制度と沖縄

「やるべきことは必死に努力してみんなやってきた。人間としてしそこなっているのは学校へ行くということだけなんです」――夜間中学校の生徒の言葉です。本書の聞き書きから引用させてもらいました。「学校で学ぶ」ことへの渇望を感じます。夜間中学校に入学した生徒のみなさんに共通するものです。

人は学びます。学校がなくてもさまざまな人間関係の中で学び、育ちます。それなのになぜ「学校で学ぶ」ことを求めるのか。僕は二つのことを考えてみたいと思います。一つは「人間と制度」について、もう一つは「人間と学び」についてです。そこから見えてくる「学校で学ぶ」こと、さらにこれからの「学校の役割」について考えてみたいと思います。

国家制度の一つとしての学校制度が日本で位置づけられたのは、一八七二年（明治五年）の学制が始まりです。さらに一八七九年には教育令、翌年には改正教育令が公布され、近代日本の学校制度は一つの方向へ歩き始めます。この学制から改正教育令への変遷がその後の日本、さらに沖縄の学校観に多大な影響を与えました。これはちょうど琉球処分（琉球王国が明治日本に併合される過程）が行われた期間と重なります。

改正教育令はさらに学校令に改められ、初代文部大臣の森有礼のもと、種々の学校令という形で布告され、明治三〇年代には学校制度の体系が形作られました。この間、大日本帝国憲法（一八八九年）、教育勅語（一八九〇年）が発布されています。

明治政府の学校制度を作る上での根幹となる考え方は、文部大臣の言葉を借りれば「教育の中に強力な国家目的を貫徹させる」ことでした。天皇制を柱にした中央集権的国家主義思想を、あまねく日本の津々浦々にまで浸透させるための装置としての役割を、学校が果たすことということです。この方針からすれば、異境の地・沖縄の師範学校に一八八八年に御真影を納めた奉安殿が最初に置かれたことは、当然のことだったといえます。沖縄のヤマトゥ化（日本化）・皇民化は明治政府にとって急務でした。

日清戦争に日本が勝利（一八九五年）したことはウチナーンチュ（沖縄人）の中国離れを促し、さらに日露戦争の勝利（一九〇五年）、この二つの戦争での勝利は、ヤマトゥ化・皇民化を後押しすることになります。

沖縄の義務教育就学率は、ヤマトゥ化・皇民化政策の結果、昭和初期（一九二七年）には九九％になります。義務教育制度がヤマトゥより一五年も遅れて一九〇一年に実施されたことを考えれば、驚異的な数字です。沖縄語の使用禁止や風俗・習慣の廃止・禁止など沖縄差別は社会的なコンプレックスを植え付け、ヤマトゥ化、皇民化を後押しします。学校に通うことが皇民の証しとなったともいえます。

天皇制を柱にした中央集権的国家主義思想のもとに展開された学校教育は、ヤマトゥでは敗戦後の一九四七年の学校教育法の公布で終わります。しかし、沖縄は凄惨な地上戦の舞台となり、敗戦後は米軍の施政下のもとに置かれ、「忘れられた島」（占領後の軍政府の沖縄に対する無為無策状態）の言葉の通り、混乱と貧困の中にありました。一九五二年のサンフランシスコ平和条約の発効とともに、日本から切り離されることになります。

珊瑚舎スコーレの夜間中学校に入学する人のほとんどは、沖縄戦前後の混乱と貧困のために就学の機会を奪われた方々です。いわば「忘れられた島」の「忘れられた子ども」です。さらにいえば「捨てられた島」の「忘れられた子ども」です。先に引用した聞き書きの中の「学校」という言葉は、この沖縄の歴史を背負った言葉だと僕は感じています。

子どもたちがあこがれた学校は、皮肉なことに沖縄差別とヤマトゥ化・皇民化のための装置としての学校でした。あこがれは日常生活の中の長い時間をかけて、何時しか渇望に変わりますが、それは今の自分とは別のもう一人の自分への変容の予感がもたらすものではないかと思います。不遇の時間はその思いを増幅させます。当時の沖縄の子どもたちの「学校」には、ヤマトゥの子どもたちが感じる以上のものがあったのだと思います。「学校」には今の自分とは別のもう一人の自分と、ゆがふ（世果報＝沖縄のことばで豊かな世の中の意）へのあこがれが潜んでいるのです。

人は制度の中に生まれます。選ぶことはできません。選べるのは、あるいは選んでいるのは先に生まれている人間です。制度が人より優先される世の中ではなく、人が優先される世の中を作り続けることが、人の大切な仕事です。学校制度ももちろんそうでなくてはなりません。

同じ生徒の聞き書きの中の言葉、「無学なままのこの六〇年間は真っ暗だったんだ」の「無学」には、珊瑚舎スコーレ夜間中学校が考える「学び」で応えます。

❖授業と学びの同行者

学校教育の中核は授業です。授業をどのようにとらえるかで、制度も含めて学校の形が決まります。さらに重要なことは、その授業を考えるときに「人はなぜ学ぶのか」、あるいは「人は何のために学ぶのか」という問いから出発しなければならないことです。「授業」を考えるために、夜間中学校の二人の生徒の言葉を引用させてもらいます。

「たえず学歴ではなく学校に行きたい、学びたいと思い続けてきました。自分は何のために生まれてきたのか。……古い価値観を捨てて自分を見い出したい」──本書の聞き書き(27ページ)から引用した言葉です。

もう一つは、夜間中学校の生徒が僕に話してくれた言葉です。「孫が通っている学校には、通いきれんと思う。先生、何でか分かる? 孫の学校は競い合っているから。珊瑚舎は競い合うのではなく、生徒同士が支え合っている学校だから、私のようなできん生徒も毎日楽しく通える。珊瑚舎の先生は先生らしくないよ、できん生徒にもにこにこ笑って、何度でも教えてくれて、みんな優しいさぁ」

二人の言葉は、「学校で学ぶ」ということの一つの典型を示唆していると思います。

日本の学校制度の出発は、当初はフランスやアメリカに範を置いた、自立した個人を育てることに重きを置こうとした動きをうかがうことができますが、改正教育令の公布により、「国家に有用な人材の育成」のための学校に変わってゆきます。それは、個々の人間の成長を手助けするための学校教育ではなく、時の政治権力の要請に応えることを学校教育の目標に置くものでした。その目的のために児童・生徒がいて、学校はそれを実現させるための便利な装置と位置づけられました。

戦前は富国強兵策を推進させるため、敗戦後は経済成長を実現させる人材育成のため、現在の沖縄県を例にすれば、全国学力テストの成績を上げ、沖縄県の学力コンプレックス払拭のために授業、学校を捉えていて、児童・生徒はその実現のための人材ということになります。学校教育に対する発想とその構造は、戦前と同じです。学校教育の目的を社会的実利的な価値を手に入れることにあると考えているのだと思います。

この「教育の中に強力な国家目的を貫徹させる」という明治以来の学校教育に対する考え方が、日本の中には根強く残っています。しかし七〇年代ころから、この考え方を改めなければならない兆候が現れはじめ、現在は焦眉の急の問題として突きつけられています。国はいろいろな方策を実施しますが、有効な手立てが見つからないのが現状でしょう。原因は明治以来からの学校観から抜け出せないことにあると思います。

人を学びに誘う契機は自らの欠落に気づくこと、あるいは自らの変容への予感です。その本質は社会的実利的な価値とは別のものです。これが人はなぜ学ぶのか、何のために学ぶのかの珊瑚舎スコーレが考える答えです。

聞き書きから言葉を引用させてもらった生徒は、新しい自分への予感の中にいるのだと思います。逆に言えば現在の自分の中に欠落を感じているのだと思います。この方は独学でいろいろなことをやってきたそうです。しかし、「満たされない、どこか物足りなさを感じていた」とも卒業課題の「文章による自画像」で当時を振り返っています。「学ぶことがこんなに楽しいのかと今実感しています。そのうちに今のクラスで修学旅行がしたい」と言っています。

学校は人が集う場所です。珊瑚舎はその集う人々を同行者と考えています。学びを作る同行者です。欠落を補うための学びの同行者です。さらに、自己の変容を互いに手にするための学びの同行者なのです。この方は三年間、バス通学で片道一時間以上をかけて珊瑚舎に通いました。それを支えたのは自分を作る喜びと、もう一つ、学びの同行者を得た喜びがその力になっているのだと思います。

当然、教員も生徒とは立場が違うだけで、学校では学びの同行者です。この教員観はとても大切なことです。競い合うのではなく、支え合う、分かち合う学校という感想は、学校を同行者が集う場としてとらえているから生まれるものなのです。

生徒は同行者という言葉は使いませんが、無意識のうちに教員も同行者と感じています。笑顔で「珊瑚舎の先生は先生らしくないよ」という言葉が、そのことを教えてくれます。学校では「生徒に……させる」という使役形《しえき》の言葉を教員が頻繁に使いますが、同行者が集う教室や学校では、使役形の言葉を教員は生徒に対して使わなくなります。

学校は国や社会に有用な人材を育成するための便利な装置として位置づけられることがあります。また、資格や学歴などの社会的な価値を効率的に得るための場として考えられることもあります。珊瑚舎スコーレはそのいずれでもない、生徒一人ひとりが、自分の力で自分をつくるための手助けとしての場として学校をとらえています。

❖体験の場としての授業・体験の場としての学校

珊瑚舎スコーレは、授業を「思索と表現と交流の場」としてとらえています。生徒・教員・教材の三者で作る「その場に参加しなければ手にすることのできない知的、芸術的体験の場」と、授業をとらえています。学びとは体験そのものであり、それは点数化したり序列化できるようなものではありません。

珊瑚舎の夜間中学校三年生の新学期の日本語の授業は、詩を作ることから始まります。「勇気とは」で始まる詩を書いた生徒がいます。七九歳になる方でした。詩という言葉の世界に悪戦苦闘していました。「先生、こんなんでいいかね」と言って見せてくれました。

入学当初、ひらがなの読み書きがおぼつかない方でした。二年間の授業を中心とした珊瑚舎での体験、つまり学校で学ぶ体験が七九年目の春、新しい芽吹きをもたらしました。「新しい自分をつくり出す」「自分をつくる」という言葉の獲得です。

勇気とは
新しい自分を
つくり出す
わたしはなにもできないといってきた
自分をつくるには
勇気をだし
前に進む

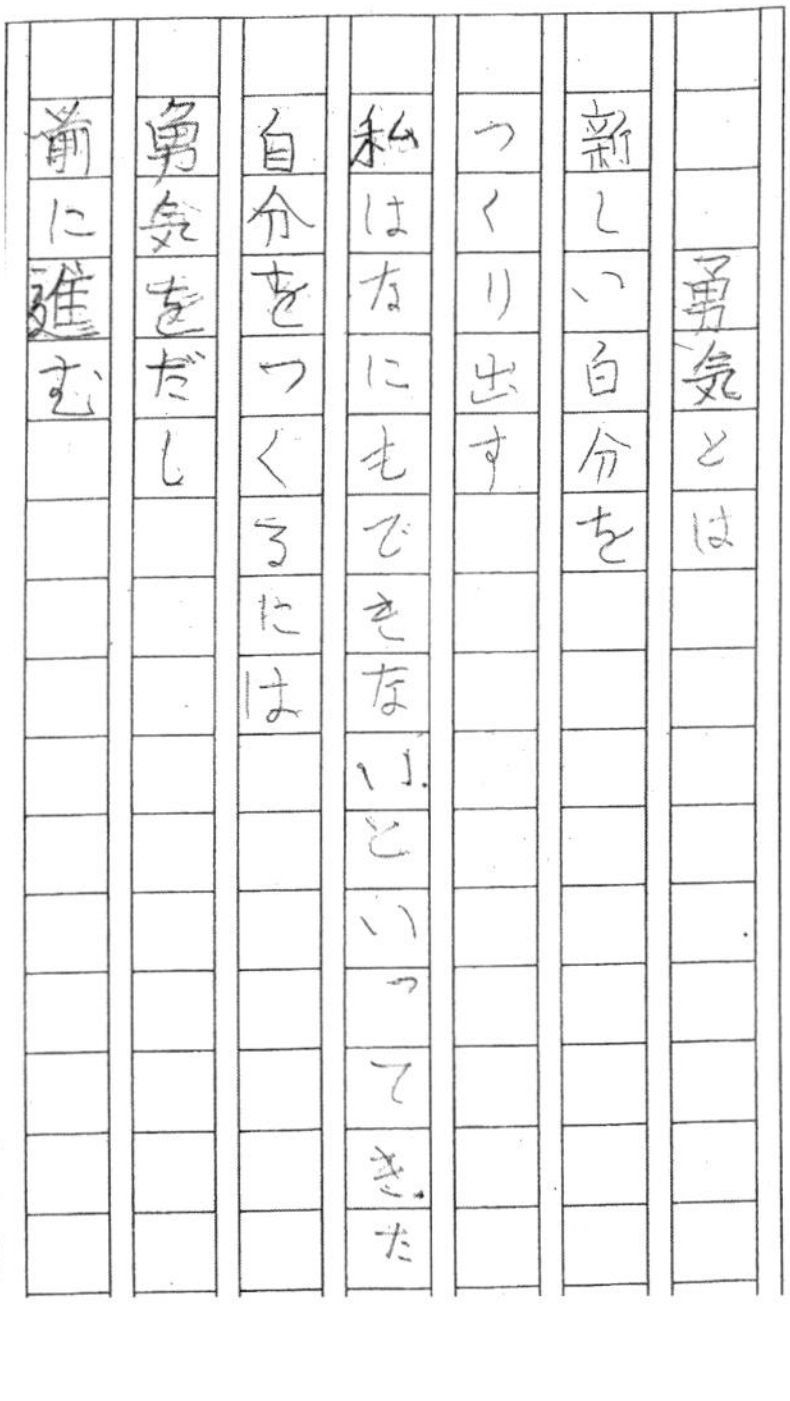

人はいろいろな場面で、いろいろなことを学びます。学校がなくても人は学び、育ちます。しかし、学校だからこそ手に入れることのできる学びもあるのです。その場に参加しなければ手に入れることのできない、知的・芸術的体験としての学びです。その場とはもちろん教室・学校のことです。

教室とは授業を育む場、多様な他者、つまり生徒・教員・教材がそこに集い、思索と表現と交流のための場としてあります。黒板と机と椅子がなくても生徒・教員・教材の三者が集う場は教室であり、授業の場です。この「勇気とは」という詩は、日本語（国語）の授業の中だけで生まれたものではありません。珊瑚舎スコーレでの毎日の体験が、「勇気とは」という言葉の世界を誕生させたのです。

あとがき

珊瑚舎スコーレの夜間中学校は二〇一五年の春、開設から一二年目を迎えました。本書を手にしてくだされば、生徒の学びに対する強い熱意、そして学ぼうとする意志の確かさがわかっていただけると思います。

この生徒たちの思いを支えてくださっているのは、授業者と授業サポーターのボランティアのみなさんです。現在の在校生の平均年齢は七七歳。その生徒たちに日本語、数学、英語、理科、社会、生活、音楽、体育、美術、書道、民謡の一一教科の授業をしていただいています。いずれの教科でも生徒たちの実情に合わせて、授業で使う教材を毎回手作りしています。

中には、北部の辺野古から毎回、高速道路を使って授業に来てくれる方がいたり、開設当初からずっと関わり続けてくれている方もいます。生徒たちと同じ熱意と意志をもっている方々です。この間のボランティアの総数はざっと三〇〇人に上ります。何とぜいたくな学びの場をつくり続けてくださったことでしょう。

授業のみならず、年二回の学習発表会、五年ごとの自主制作ミュージカルの上演など、さまざまな行事に力を貸していただきました。この場を借りて深く感謝申し上げます。

また本書のコラム執筆者のみなさまには、私たちの勝手な依頼に気持ちよく応えていただきました。とくに新崎盛暉氏には「聞き書きの向こうに見えるもの」と題して、琉球・沖縄史を俯瞰しつつ、ご自身の問題として解説の文章を寄せていただきました。本当にありがとうございました。

生徒のみなさんの言葉を何とか本にして出版したいと考えた時、「クラウド　ファンディング（インターネット上で企画の賛同者を募る）」という方法を知りました。
出版企画の呼びかけに対して多くの方々から、ご賛同・ご協力をいただきました。
ここにみなさんのお名前を記して、深く感謝の気持ちをお伝えします。

Akiko　Hiroyo Clemento　相川昌美　相川雪恵　浅利竜一　穴田浩一　荒川紀美江　生田吉平
幾代昌子　石坂亥士　石坂孟士　泉恵子　伊波雅子　上田秀一　上間陽子　生方則孝　越冬隊
遠藤彰生　遠藤菜香子　遠藤正樹　遠藤由佐子　大久保俊孝　大澤栄　大島信子　大森こずえ
小笠原春野　岡村健　おたえさん　隠れ家カフェ清ちゃん　金井景子　蒲池いづみ　亀川千草
家門収一　家門美千江　菊入直代　岸本千賀子　北上田登久子　木名瀬武男　宜保洋子
金城さつき　工藤みお　黒川優子　高坂嘉孝　後藤晶子　三枝菜美子　さえぐさゆみこ
坂本国之　佐竹敦子　幸恵&亜美　佐藤空　重山禎弘　舌間仁美　柴田健　新里和也　鈴木隼
鈴木創　須田正晴　瀬山紀子　高橋恵美子　武田富美子　田嶋正雄　田中仁治　地代治子
手塚賢至　手塚田津子　照屋忠　東條隆　徳永桂子　友寄和子　永田浩之　長堂歯科医院
長堂朝圭　長堂嘉史　中野克子　長嶺潤子　中村ヒサ子　中村美津子　西田健一郎　丹羽雅代
野原京子　野村民夫　林雄二　原田政美　比嘉基　樋口一男　樋口襲治　久井良子　深谷隆夫
福島昌子　本博実行委員会　松田幸夫　三浦基　三上亮子　宮城さつき　宮崎勝歓　宮下容子
宮原契子　森香織里　盛口満　安田圭太郎　安田直美　安田守　八ヶ岳あかね農園　山口剛史
山里愛　山城千秋　横山美保子　吉川麻衣子　りぼんクラブ　【敬称略】

本書の編集作業の実務は、珊瑚舎スコーレスタッフの遠藤知子、樋口佳子、松田浩志が担当しました。

最後に、共に珊瑚舎スコーレの学びの場をつくり、夜間中学校の生徒たちをさまざまな場面で支えてくれた中等部、高等部、専門部の生徒・学生のみなさんに、心からのありがとうを伝えます。

二〇一五年九月一五日

遠藤 知子

学校ＮＰＯ法人　珊瑚舎スコーレ（さんごしゃ・すこーれ）

2001年4月に沖縄県那覇市に私塾として開設され、2003年1月からはＮＰＯ法人が運営している。現在、初等部、中等部、高等部、専門部、夜間中学校の５つの課程を開設している。

学校教育法に定められた学校ではなく、一般的にはフリースクールと呼ばれる学び場だが、各課程にカリキュラムと時間割があり、厳密にはフリースクールではない。

学校教育の中核は授業であるから、多様な形の授業を実施している。さらに授業を生徒・教員・教材の三者の交流から生まれる、その場に参加しなければ手に入れることができない知的、芸術的体験の場としてとらえ、その具現化のための模索を生徒といっしょに続けている。

〒900－0022　沖縄県那覇市樋川１－28－１知念ビル３階
電話：098－836－9011
メールアドレス：sango@nirai.ne.jp
ホームページ：http://www.sangosya.com

まちかんてぃ！

動き始めた学びの時計

●二〇一五年一〇月三一日――第一刷発行

編著者／珊瑚舎スコーレ

発行所／株式会社　高文研
東京都千代田区猿楽町二―一―八
三恵ビル（〒一〇一―〇〇六四）
電話　03＝3295＝3415
http://www.koubunken.co.jp

印刷・製本／精文堂印刷株式会社

★万一、乱丁・落丁があったときは、送料当方負担でお取りかえいたします。

ISBN978-4-87498-581-6　C0036